Polen und Europa

Jerzy Holzer

Polen und Europa

Land, Geschichte, Identität

DIETZ

Gefördert von der Erich-Brost-Stiftung

Bibliographische Information der Deutschen Bibliothek

Die Deutsche Bibliothek verzeichnet diese Publikation in der
Deutschen Nationalbibliographie; detaillierte bibliographische
Daten sind im Internet über http://dnb.ddb.de abrufbar.

978-3-8012-0372-6

Copyright © 2007 by
Verlag J. H.W. Dietz Nachf. GmbH
Dreizehnmorgenweg 24, 53175 Bonn
Lektorat: Alexander Behrens
Umschlag: Hermann Brandner, Köln
Satz: Just in Print, Bonn
Druck und Verarbeitung: Ebner & Spiegel, Ulm
Alle Rechte vorbehalten
Printed in Germany 2007

INHALT

Zu Beginn des 20. Jahrhunderts gab es kein Polen. In »Meyers Großem Konversations-Lexikon«, Bd. 16, von 1909 können wir lesen: »Polen (hierzu Karte ›Westrußland‹), ehemaliges europäisches Reich«. Demzufolge ist der gesamte Artikel der Geschichte gewidmet. Als gesondertes Schlagwort werden die Polen geführt: »Slawischer Volksstamm, zur westlichen Gruppe der Slawen (mit Tschechen, Slowaken, Sorbenwenden) gehörig, der seine Wohnsitze vornehmlich in Rußland, Österreich und Preußen hat.«

Nicht einmal als geographische Bezeichnung fand »Polen« damals Anerkennung. Welches Polen hätte auch gemeint sein können? Etwa das vom Ende des 18. Jahrhunderts, als die polnische Staatlichkeit zerfiel? Zu dieser Zeit war das Gebiet zweigeteilt in das »königliche« – also das eigentliche – Polen und Litauen. Doch beide Reichshälften wurden weiträumig von »Ruthenen« bewohnt, die man heute als Weißrussen und Ukrainer bezeichnen würde. Oder hätte das »Königreich Polen« gemeint sein können, das auf dem Wiener Kongreß von 1815 ins Leben gerufen worden war? Es umfasste lediglich einen Teil des Territoriums, das von Polen bewohnt wurde. Durch Personalunion war das Königreich mit Rußland verbunden, und nach der Niederschlagung des Aufstandes von 1830/31 wurde es faktisch aufgelöst (auch wenn sein Name in der Umgangssprache und manchmal sogar in der russischen Amtssprache weiterhin im Gebrauch war)[1]. Oder hätte man mit Polen das in ethnischer Hinsicht polnische Gebiet meinen können, wenn man davon ausgeht, daß Sprache und Kultur das Wesen einer Nation ausmachen? Auch das wäre schwierig gewesen, denn die Grenzen Polens ließen sich nicht genau bestimmen. In allen vier Himmelsrichtung waren Landesteile zu finden, wo Polen mit anderen Volksgruppen zusammenlebten, sei es in der Mehrheit oder Minderheit: mit Deutschen, Tschechen, Litauern, Weißrussen, Ukrainern und Juden. Außerhalb dieser Gebiete waren polnische »Inseln« entstanden, sie lagen

---

1 Der polnische Aufstand 1830/31 (November-Aufstand) war gegen Rußland gerichtet. Die aufständische Armee hatte zuerst große Erfolge, aber die zahlenmäßige Überlegenheit der russischen Seite entschied den Kampf.

manchmal recht weit voneinander entfernt in Regionen mit mehrheitlich nichtpolnischer Bevölkerung. Wie man es auch dreht und wendet: Solange Polen kein eigenes Territorium besaß, existierte es für Europa nicht.

Die Staatsmänner der Großmächte zogen eine Existenz Polens nicht in Betracht. Dies zeigte sich an den geopolitischen Veränderungen auf dem europäischen Kontinent. Es herrschte der eherne Grundsatz: Dein Nachbar ist dein Gegner – der Nachbar deines Nachbarn ist dein Partner. Von diesem Prinzip wich man nur dann ab, wenn der eine Nachbar zur Schutzmacht und der andere zu ihrem Satelliten wurde. Beginnend mit den Teilungen Polens am Ende des 18. Jahrhunderts, konnte man deshalb während aller polnischen Nationalaufstände im 19. Jahrhundert beobachten, wie Rußland und Preußen beziehungsweise Rußland und das Deutsche Reich sich immer stärker annäherten. Zwar existierte kein polnischer Staat, dennoch hielt man die Polen für eine ernste Gefahr. So gesehen waren Deutschland und Rußland keine richtigen Nachbarn, denn zwischen ihnen befanden sich die polnischen Unruhestifter. Ende des 19. Jahrhunderts verlor diese geopolitische Konstellation jedoch ihre frühere Bedeutung. Rußland und Deutschland wurden zu Gegnern, während sich Rußland und Frankreich – und zu Beginn des 20. Jahrhunderts auch Großbritannien – miteinander verbündeten.

Ein Bewusstsein für das Fehlen Polens auf der europäischen Landkarte war allgegenwärtig: Der fünfzehnjährige französische Gymnasiast Alfred Jarry ließ die Handlung seiner Groteske *König Ubu* »in Polen, das heißt Nirgendwo« spielen, die acht Jahre später, in Paris aufgeführt, große Beachtung bei der Boheme fand. Auf den ersten Blick ähnlich und doch ganz anders brachte es der bekannteste polnische Dramatiker des frühen 20. Jahrhunderts, Stanisław Wyspiański, zum Ausdruck. In seinem Drama »Die Hochzeit« (Wesele), das zu einer nationalen Abrechnung mit der polnischen Vergangenheit und Gegenwart geriet, fragt ein Dorfmädchen: »Wo aber ist Polen?« Der Poet antwortet, indem er auf ihr Herz zeigt: »Genau hier!«

Die Polen, die ihres Landes beraubt worden waren, versuchten nicht, sich über die Staatsangehörigkeit zu definieren, die ja russisch, österreichisch oder preußisch war, sondern über ihre sprachlichen, kulturellen, zum Teil auch konfessionellen Eigen- und Besonderheiten. In einem solcherart konstruierten Identitätsmodell war für Menschen, die sich von den Polen durch ihre Sprache und Kultur unterschieden, kein Platz, auch dann nicht, wenn sie in derselben Region oder gar den polnischen Kernlanden lebten. Die Deutschen, die im 19. Jahrhundert in das russische Teilgebiet einwandert waren – Unternehmer und Arbeiter in Lodz und Umgebung sowie Siedler, die sich als Landwirte niederließen – waren keine Polen, sofern sie nicht einen grundlegenden Assimilierungsprozess durchlaufen hatten und sich »polonisieren« ließen. Ebenso wenig galten Juden als Polen, selbst wenn sie sich dem Land, das von Polen bewohnt wurde, seit Jahrhunderten eng verbunden fühlten.

Sind die Polen Europäer gewesen? Das ist eine Frage, auf die es keine einfache Antwort gibt. Denn was bedeutete es schließlich, »Europäer« zu sein? In Europa zu leben? In der mediterranen, griechischen-römischen, jüdisch-christlichen Tradition verwurzelt zu sein? Oder gesellschaftlich, wirtschaftlich und politisch dem westeuropäischen Vorbild nachzueifern? Und welche Polen dürfen als Beleg für einen etwaigen europäischen Charakter gelten?

Die polnischen Eliten, die ihren Blick stets nach Westen richteten, waren zweifellos europäisch. Doch auch den kulturellen und wissenschaftlichen Eliten Rußlands, die viel von Europa übernommen und ihm viel gegeben hatten, fehlte es nicht an europäischem Bewusstsein beziehungsweise an »Europäizität«, wenngleich der Weg nach Europa für die gesellschaftlichen Eliten des Zarenreichs sehr weit und für die politischen sogar noch weiter war. An der Wende vom 19. zum 20. Jahrhundert diente das europäische Modell den Eliten weltweit als Wegweiser.

Wenn nun aber auch die breite Masse der Polen einen europäischen Charakter hätte unter Beweis stellen müssen, sei hier kurz die Frage erlaubt, ob denn die Mehrheit der Menschen im Westen damals schon so »europäisch« war, wie es die Eliten verlangten? Wie viele Menschen in Süditalien und auf der iberischen Halbinsel konnten lesen und schreiben? Triumphierten denn der Laizismus oder eine intellektuell vertiefte Religiosität bereits über die Macht der Volksfrömmigkeit? In wie vielen europäischen Ländern galten die Einwohner tatsächlich als Bürger im eigentlichen Sinne dieses Wortes – und in wie vielen nur, weil die Verfassung sie als solche definierte? Waren die Bauern Südeuropas etwa frei von ökonomischer und sozialer Unterdrückung? Bildeten die Bevölkerungen in all diesen Ländern bereits die erträumte Bürgergesellschaft?

Nicht nur die polnischen Eliten orientierten sich an Europa. Tausende von Polen taten es ebenso auf ihre Weise und machten sich auf den Weg nach Westen, um Arbeit zu finden, im Deutschen Reich zum Beispiel. Wer von ihnen die deutsche Staatsangehörigkeit besaß, zog meist weit ins Landesinnere hinein, besonders ins Ruhrgebiet und nach Berlin. Im Gegensatz zu den Polen in Deutschland besaßen jene, die russische Untertanen waren und sich in das Innere des Zarenreiches begeben hatten, häufig eine höhere berufliche Qualifikation – es handelte sich oft um Ingenieure, Techniker, zum Teil Facharbeiter. Auch die saisonal bedingte Emigration polnischer Landarbeiter aus dem russischen und österreichischen Teilgebiet war von Bedeutung, vor allem nach Deutschland und Dänemark. Diese Emigranten rekrutierten sich besonders häufig aus der landlosen, lese- und schreibunkundigen Dorfbevölkerung, die dazu beitrug, daß sich das schon ältere Stereotyp von der polnischen Rückständigkeit noch weiter verfestigte – um so mehr als Deutsche und Dänen damals schon von der allgemeinen Schulpflicht profitierten.

Diese Auswanderer waren ungebildet, wie die breite Masse der polnischen Bevölkerung, insbesondere in den Dörfern des russischen und österreichischen Machtbereichs. Oft beherrschten sie nicht einmal die nötigsten beruflichen Grundfertigkeiten; Fragen der Gesundheit und Hygiene waren ihnen fremd. Aber dürfen sie deshalb nicht als europäisch gelten? Europa war damals noch keine Zone allgemeiner Aufklärung und durchaus nicht so »europäisch«, wie wir es dem Kontinent gerne zuschreiben würden. An den Peripherien im Osten und Süden franste Europa aus.

Es gab keinen polnischen Staat, es gab nur polnische Menschen. Existierte auch ein polnisches Wirtschaftsleben? Und inwieweit ließe dieses sich als »europäisch« qualifizieren? Wieder fällt die Antwort nicht leicht. Ist eine Wirtschaft dann »polnisch«, wenn sie sich in einem Gebiet entwickelt, wo Polen leben? Darf sie von fremdem Kapital kontrolliert werden? Genügte es, wenn sie im Besitz von Menschen ist, die in Landstrichen leben, die mehrheitlich von Polen bewohnten werden? Oder muß sie ausschließlich in der Hand von Polen sein?

Ist unter einer »europäischen« Wirtschaft nur die zu verstehen, welche die gleichen organisatorischen und technischen Standards besitzt wie die am höchsten entwickelten Länder? Oder auch eine, die sich in ihrem Entwicklungsstand nicht wesentlich von den europäischen Randzonen unterscheidet? Darf sie in die Ökonomie des Staates eingebunden sein, dem das betreffende polnische Teilgebiet angehört? Darf sie in einem vitalen wirtschaftlichen Austausch mit anderen Staaten und Ethnien stehen?

Wenn wir von der geographisch und sachlich weitesten Definition einer polnischen und europäischen Wirtschaft ausgehen, so stoßen wir in den polnischen Gebieten der damaligen Zeit auf gewisse Grenzen des Europäischseins. Das betrifft nicht so sehr die Landwirtschaft (selbst wenn sie in den Gebieten, die zu Österreich und Rußland gehörten, recht rückständig war), sondern vor allem die Industrie, das Bankwesen oder den Eisenbahnverkehr. In den preußischen Gebieten glich das Wirtschaftsniveau dem deutscher Betriebe; in den übrigen polnischen Territorien unterschied es sich nur unwesentlich von dem der europäischen Randzonen: Eine ärmliche Infrastruktur, eine rückständige Agrarwirtschaft, Armut unter den Bauern, überwiegend niedrige Arbeitsproduktivität in der Industrie, lange Arbeitszeiten, rudimentäre Sozialgesetzgebung, schlechte Wohnverhältnisse und ein dürftiges Gesundheitswesen waren in der Peripherie Europas allgegenwärtig – und zuweilen auch in den höher entwickelten Ländern zu finden.

Die Situation im Handwerk und im Handel, zum Teil auch in der Kleinindustrie, setzte dem europäischen Erscheinungsbild der Städte, vor allem der Kleinstädte, jedoch deutliche Schranken. Zum einen waren die oben genannten Bereiche des Wirtschaftslebens oft in jüdischer Hand, zum anderen waren die Existenz- und Arbeitsbedingungen eines Großteils dieser Bevölkerungsgruppe so schlecht, daß der aus Galizien stammende, deutsch-jüdische Schriftsteller Karl Emil Franzos noch 1876 von »Halb-Asien« sprach: Damit bezog er sich auf den eklatanten Geldmangel, die elenden Lebensumstände und die erschreckenden hygienischen Verhältnisse. Der Begriff des »Luftmenschen« brachte die Besonderheit dieser ökonomischen und sozialen Lage treffend zum Ausdruck: Er mußte von dem leben, was er zum Atmen hatte. In dieser Hinsicht unterschieden sich die polnischen Gebiete nicht nur von den entwickelten Ländern Europas, sondern auch von großen Teilen des noch rückständigeren Südens und Südostens. Der Unterschied zum jüdischen Ansiedlungsrayon[2] in Rußland und zum Teil auch von Rumänien war hingegen gering. Auch das war Europa.

Ob es so etwas wie eine »polnische Wirtschaft« gab, mag bezweifelt werden; im Deutschen war der Ausdruck »polnische Wirtschaft« gleichbe-

---

2 Ansiedlungsrayon ist ein feststehender Begriff und bezeichnet die Gebiete Westrußlands, in der sich Juden niederlassen durften.

deutend mit »Rückständigkeit«. Doch daß eine polnische Politik existierte, ist unstrittig, obwohl der entsprechende Staat dazu fehlte. Unabhängig von ihrem jeweiligen ideologischen Hintergrund, sei er nun national oder universell, entfalteten die politisch aktiven polnischen Milieus eine Tätigkeit abseits der deutschen, russischen oder österreichischen Umgebung, in der sie lebten. Nur in wenigen Fällen waren sie bereit, sich als unabhängiger Teil einer gesamtstaatlichen Partei zu begreifen, und nur selten waren sie geneigt, föderative Bindungen zu anderen nationalen Parteien aufzunehmen.

In den letzten beiden Dekaden des 19. Jahrhunderts formierte sich der polnische Sozialismus. In Europa besaßen die marxistischen Sozialdemokratien und die Parteien eines demokratischen Sozialismus das Übergewicht – auch wenn die russischen Sozialrevolutionäre zuvor bereits eine starke Position erlangt hatten. Doch selbst bei manchen Sozialdemokraten rückten demokratische Anliegen im ersten Jahrzehnt des 20. Jahrhunderts in den Hintergrund – zumindest auf den bolschewistischen Flügeln. Die polnischen Sozialisten hingegen waren unzweifelhaft westlich gesinnt und demokratisch.

Dies galt sowohl für jene polnischen Sozialisten, die neben sozialen Zielen die Verteidigung nationaler Interessen zu ihren Aufgaben zählten, als auch für die, die im russischen Herrschaftsgebiet agierten und im Streben nach Unabhängigkeit eine Erscheinung des Nationalismus sahen, der dem gemeinsamen revolutionären Kampf aller Sozialisten des russischen Imperiums entgegenstand. Die einen wie die anderen gehörten der Internationale an, die fast nur europäische Sozialisten miteinander verband. Im Grunde genommen kann man in der Zweiteilung der polnischen Sozialisten eine europäische Dichotomie erkennen, die bis heute Gültigkeit besitzt: Soll der Weg zum vereinten Europa über den Nationalstaat führen oder gegen ihn beschritten werden.

Daß die beiden wichtigsten Partner der polnischen Sozialisten, die deutschen und die russischen Sozialdemokraten, auf die Eigenart des polnischen Sozialismus mit einer gewissen Reserve reagierten, steht auf einem anderen Blatt. Das hatte nichts mit ideologischen Differenzen zu tun oder mit der Tatsache, daß gerade die Deutschen für eigene nationale Interessen immer empfänglicher wurden. Marxistische Sympathien für ein wiederhergestelltes freies Polen, wie es sie früher gegeben hatten, fielen nun dem Vergessen anheim. Obwohl das Statut der Internationale den polnischen

Sozialisten das Recht zusprach, für die Wahrung ihrer nationalen Eigenart einzutreten, wurden sie von vielen ihrer europäischen Partner fast wie ein historisches Relikt angesehen: Da Polen als Staat nicht existierte und die Sozialisten eine internationale, wenngleich an staatliche Grenzen gebundene Bewegung waren, stellte der polnische Sozialismus für viele einen Versuch dar, die Zukunft mit etwas in Einklang bringen zu wollen, das längst obsolet war.

Während der russischen Revolution von 1905 haben sich die polnischen Sozialisten, die unter zarischer Herrschaft lebten, an den revolutionären Aktivitäten beteiligt, ganz gleich wie sie zur Unabhängigkeitsfrage standen. Im Übrigen hat sich auch die Internationale für die russische Revolution eingesetzt, in der sie nur einen ersten Schritt zur Verwirklichung von Demokratie und Sozialismus in ganz Europa sah. Eine Zeitlang besaß die Idee einer Revolution im russischen Imperium (und später in Europa) für die polnischen Sozialisten größere Priorität als die Frage ihrer nationalen Freiheit; denn sie waren überzeugt, daß diese im Zuge der demokratischen beziehungsweise sozialistischen Umgestaltung Rußlands und Europas gelöst werden würde.

Sehr viel komplizierter gestaltete sich das Verhältnis zwischen Polen und Europa mit Blick auf die zweite große politische Bewegung des 19. und 20. Jahrhunderts: den Nationalismus. In den polnischen Gebieten formierte er sich nach 1890 unter dem Namen »Nationaldemokratie«. Das Verhältnis zwischen dem Nationalismus und Europa war in gewisser Weise paradox: Zum einen war er eine Ideologie, die man auf dem ganzen Kontinent antreffen konnte. Insofern stellte er eine europäische Erscheinung dar. Zum anderen war er eine politische Bewegung des nationalen Egoismus, der alle anderen Staaten Europas vom Standpunkt eigener Interessen aus betrachtete: als gegnerische, befreundete oder neutrale Mächte. Für den Nationalisten bildete das Volk eine Gemeinschaft – nicht die Europäer. Wie alle Nationalisten, so hielten auch die polnischen Europa für einen Kampfplatz und nicht für einen Ort gedeihlichen Zusammenlebens.

Der Ideologe des polnischen Nationalismus, Roman Dmowski, berief sich in seinen »Gedanken eines modernen Polen« (Myśli nowoczesnego Polaka) ausdrücklich auf die Deutschen als Vorbild bei der Verbreitung nationaler Ideen. Dmowskis Auffassung nach standen vor allem sie den polnischen Interessen im Wege, da das deutsche Volk über eine ausgeprägte Hoch- und Massenkultur sowie eine gut entwickelte Wirtschaft verfügte.

Der zweite große Nachbar hingegen, die Russen, könnten den Polen nicht das Wasser reichen, weder kulturell noch wirtschaftlich. Also hielt er sie für weniger gefährlich. Um mit zwei Großmächten zu kämpfen, war Polen nicht stark genug. Da Dmowski eine Wahl treffen mußte, erklärte er die Deutschen zum Gegner und die Russen zum Partner oder besser gesagt zum Patron.

Man könnte meinen, daß der polnische Nationalismus eine Reaktion auf den Nationalismus der anderen Mächte darstellte, das heißt auf die Germanisierungstendenzen unter preußischer Herrschaft und die Russifizierung im Zarenreich. Doch das ist nur ein Teil der Wahrheit, denn mit besonderer Verve richtete er sich gegen schwache Völker, mit denen die Polen seit Jahrhunderten in einer Region zusammenlebten – gegen Juden und Ukrainer. Der Kampf mit diesen schwachen Gegnern diente in gewisser Weise der Übung: Einerseits bot er Gelegenheit, die nationalen Kräfte zu bündeln, andererseits waren Erfolge hier leichter zu erzielen als gegen Deutsche oder Russen.

Als sich 1914 die Gefahr eines großen Krieges abzeichnete, hatten die europäischen Regierungskabinette Polen nicht auf ihrer Agenda. Für Deutschland und Österreich-Ungarn, aber auch für Rußland, war die bestehende Aufteilung der polnischen Territorien vorteilhaft. Großbritannien und Frankreich interessierten sich so gut wie nicht für die polnische Frage. Sie waren in ihren Entscheidungen ohnehin befangen, da sie die Interessen ihres russischen Verbündeten respektieren mußten.

Aus polnischer Perspektive stellte sich die Situation jedoch anders dar: Noch einmal überdachten die polnischen Politiker ihre Stellung zur europäischen Frage und wogen ab, mit wem sie und gegen wen sie koalieren sollten. Die Antworten fielen unterschiedlich aus.

Einige schauten darauf, wie sich die Staaten, die über polnisches Gebiet herrschten, zur Frage der Freiheit der Nationen stellten. Dabei schnitt die Habsburgermonarchie am besten ab, Rußland am schlechtesten. Folglich fiel die Wahl auf Österreich-Ungarn.

Für diese Option entschieden sich die nach Unabhängigkeit strebenden Sozialisten, einige Liberale, Teile der Nationalisten, die aus dem russischen Herrschaftsgebiet stammten, sowie die große Mehrheit der galizischen Politiker. Das war verständlich. Sollten sie nationale Freiheit und Bürgerrechte, die ihnen die Habsburgermonarchie gewährte, im Falle eines Sieges des autokratischen Zarentums verlieren? Die strikteste antirussische Haltung vertrat die Gruppierung um Józef Piłsudski, den ehemaligen Sozialisten-Führer, der sich nach der gescheiterten Revolution von 1905 vom Sozialismus abgewandt hatte. Protegiert von den Österreichern, baute Piłsudski ab 1910 paramilitärische Organisationen auf, mit deren Hilfe polnische Kader auf den bewaffneten Kampf gegen Rußland vorbereitet werden sollten.

Die Schwierigkeit bestand jedoch darin, daß er nicht nur die Unterstützung von Österreich-Ungarn, sondern auch von Deutschland benötigte, das in seinen Gebieten seit Jahren eine antipolnische Politik verfolgte. Der Kern der nationalistischen Bewegung unter Dmowskis Führung hatte schon seit langem eine Wahl getroffen. Seine mit nationalistischen Ideen begründeten Ansichten baute Dmowski zu einer geopolitischen Konzeption aus, die er 1908 in seinem Buch »Deutschland, Rußland und die polnische Frage« (Niemcy, Rosja i kwestia polska) veröffentlichte. Da die Deutschen in ethnischer Hinsicht die Hauptgegner der Polen seien, müsse in einer Zeit des nationalen Kampfes auch ihr Staat der Hauptgegner des noch nicht bestehenden polnischen Staates sein, so seine Schlußfolgerung.

War die politische Lage im Europa des frühen 20. Jahrhundert irgendwo besser? Nein. Weder der Internationalismus noch der Pazifismus konnten größere Bedeutung für sich beanspruchen. Selbst die deutschen Sozialdemokraten glaubten, sich gegen die russische Barbarei verteidigen zu müssen. Die französischen Sozialisten wiederum fürchteten das deutsche Barbarentum, und ein großer Teil der russischen Sozialisten und Sozialrevolutionäre meinte, sich gegen den habgierigen deutschen Expansionismus zur Wehr setzen zu müssen. Alle anderen politischen Gruppierungen unterwarfen sich nationalistischen Einflüssen. Im Angesicht des drohenden Krieges waren die Polen nicht mehr oder weniger Europäer als alle anderen Nationalitäten auch.

Der Krieg, der 1914 ausbrach, ein sogenannter Weltkrieg, war eigentlich ein innereuropäischer Konflikt. Außerhalb des Kontinents waren nur die Kämpfe im Nahen Osten von Bedeutung, die die Alliierten gegen die Türkei führten. Auf Seiten der Koalition kämpften dort vor allem Europäer, sieht man einmal von ihren Kolonialtruppen ab. Gemessen am Kräfteeinsatz und an den Opferzahlen ließen sich die Geschehnisse im Nahen Osten jedoch nicht mit dem Unheil an den europäischen Fronten vergleichen. Dieser europäische Krieg war zugleich ein Krieg der Völker und nationalen Gemeinschaften, welche die Idee einer europäischen Verständigung verworfen hatten.

Für die Polen hatte der Krieg noch eine andere Bedeutung. Nicht genug damit, daß sie in Armeen kämpfen mußten, die für fremde nationale Interessen fochten – diese Erfahrung haben auch Tschechen, Slowaken, Kroaten, Slowenen und Soldaten aus den baltischen Ländern gemacht –, die zum Kriegsdienst eingezogenen Polen waren sogar gezwungen, unter fremder Flagge gegeneinander ins Feld zu ziehen. In diesem Krieg kämpften Europäer gegen Europäer und Polen gegen Polen.

Selbst wenn man den Polen erlaubte, in eigenen Formationen zu kämpfen, so standen sie dennoch auf beiden Seiten der Front. Von Galizien rückten polnische Schützenverbände aus, um in den russisch beherrschten Gebieten einen Aufstand zu entfachen. Sie stießen auf große Zurückhaltung, oft sogar Ablehnung. Später, als aus ihnen die »Polnischen Legionen«[3] gebildet wurden, hat man sie der österreichischen Heeresleitung unterstellt, wobei darauf geachtet wurde, daß sie keine selbständigen politischen Aktivitäten entwickeln konnten. Ähnliches widerfuhr den polnischen Verbänden, die auf russischer Seite gebildet wurden. Anfänglich hießen auch sie »Polnische Legionen«, ab Herbst 1925 schließ-

---

3 »Legiony Polskie« entstanden in Galizien wenige Wochen nach dem Kriegsausbruch. Ihre drei Brigaden zählten bis zu 20.000 Soldaten. Im Sommer 1917 verweigerte die Mehrheit von ihnen einen Treueid auf die Waffenbrüderschaft mit Deutschland und Österreich-Ungarn zu leisten und wurde interniert.

lich »Polnische Schützenbrigade«. Doch sie unterstanden dem russischen Oberkommando.

Der Krieg war also eine polnische Tragödie. Ein Soldat der Polnischen Legionen, die gegen Rußland kämpften, schrieb damals:

»Wenn du deine Lanzenspitze in einen Waffenrock stichst, ist es nicht dein Feind, der da stirbt, und du bist ein Kain, ohne schuldig zu sein wie Kain.«

Sehr schnell nach Ausbruch des Krieges zeigte sich, daß Polen – das von den Karten Europas getilgte – immer noch existierte. Beide Seiten, die an der Ostfront vor allem auf polnischem Gebiet kämpften, wandten sich mit wiederholten Erklärungen an Polen und seine Einwohner. Nicht zufällig handelte es sich dabei immer um Offerten der militärischen Führungen, der Generalität, nicht der Herrscher und Regierungen, was den Absichtserklärungen einen weniger verbindlichen Charakter verlieh.

Ein Aufruf, der von den Oberkommandos der Mittelmächte Deutschland und Österreich-Ungarn unterzeichnet war und Anfang August 1914 der polnischen Bevölkerung kolportiert wurde, appellierte gleichermaßen an polnische wie an europäische Gefühle: »Wir bringen Euch«, hieß es darin, »Freiheit und Unabhängigkeit, für die Eure Vorväter soviel gelitten haben … Durch eine gemeinsame Kraftanstrengung vertreiben wir die asiatischen Horden aus Polen.« Aus diesem Versprechen ließ sich herauslesen, daß Berlin und Wien Polen ausschließlich oder überwiegend auf russischem Gebiet verorteten. Hinter einem solchen Angebot wollte der Oberbefehlshaber der russischen Armee, Großfürst Nikolaj Nikolajewitsch, nicht zurückstehen. In seinem Aufruf setzte er den Akzent jedoch weniger auf die Unabhängigkeit als vielmehr auf die Vereinigung der polnischen Territorien: »Das Polnische Volk möge sich zu einem Organismus unter dem Zepter des Kaisers von Rußland vereinen. Unter diesem Zepter wird ein Polen wiedererstehen, das frei ist in seinem Glauben, seiner Sprache und in seiner Selbstverwaltung.«[4]

Das wachsende Interesse an der polnischen Frage war jedoch nicht nur für die Staaten kennzeichnend, die auf polnischem Boden kämpften. Groß-

---

4 Polnisch: K.W. Kumaniecki, Odbudowa państwowos oi polskiej. Najważniejsze dokumenty 1912 – styczeń 1924 [Wiederaufbau der polnischen Staatlichkeit. Wichtigste Dokumente 1912 – Januar 1924], Warszawa – Kraków 1924, S. 25, 27.

britannien und Frankreich gingen zwar stets davon aus, daß alle Fragen, die Polen betreffen, gemäß den Interessen ihres russischen Bündnispartners zu behandeln seien. Doch sie einigten sich immerhin darauf, eine Kompanie polnischer Freiwilliger in der französischen Fremdenlegion aufzubauen. Wieder hieß die Formation »Legion« – diesmal jedoch nach dem Ort, wo sie ins Leben gerufen wurde, nämlich »Bayonne-Legion«. Plötzlich begann die französische Presse über polnische Angelegenheiten zu schreiben, und manchmal nahmen sich selbst Politiker dieses Themas an.

Das kühle Verhältnis der Westmächte zur polnischen Frage war nicht nur eine Folge des Bündnisses mit Rußland. Es war auch einer traditionellen Geopolitik geschuldet. Was konnten Großbritannien und Frankreich schon von der Gründung eines polnischen Staates erwarten? Er wäre entweder von Deutschland abhängig, was nicht in ihrem Interesse lag, oder von Rußland dominiert, und da brauchte man sich ja sowieso nicht einmischen. Als dritte Möglichkeit könnte Polen sich um Unabhängigkeit bemühen, was zu einer russisch-deutschen Annäherung führen würde.

Die Versprechungen der Großmächte waren unkonkret. Ob sie in Erfüllung gingen, hing vom Fortgang des Krieges ab. In einem vertraulichen Papier über die deutschen Kriegsziele entwarf Reichskanzler Theobald von Bethmann Hollweg den Plan, einen Staatenblock unter deutscher Führung zu schaffen, dem Frankreich, Belgien, Holland, Dänemark, Österreich-Ungarn und Polen angehören sollten. In Deutschland waren jedoch viele Politiker davon überzeugt, daß man einen Separatfrieden mit Rußland anstreben und die Teilung Polens aufrecht halten sollte, da jede andere Lösung eine Gefahr für das Deutsche Reich darstelle. Die Mehrheit der Politiker und Militärs wünschten nur wenige Korrekturen am bisherigen Grenzverlauf zugunsten Deutschlands, doch lag ihnen der Anschluss eines »Grenzstreifens« an Deutschland am Herzen.

Österreich-Ungarn hingegen strebte den Erwerb sämtlicher polnischen Gebiete an, die bislang zu Rußland gehörten. Dabei traten verschiedene Schwierigkeiten auf. Der deutsche Bündnispartner war von dieser Absicht nicht gerade begeistert, er befürchtete ein Erstarken des slawischen Elements in der Habsburgermonarchie. Auch die Ungarn waren wenig angetan, weil sie bei der Umformung des dualistischen in ein dreigliedriges Staatswesen an Gewicht verloren hätten.

Für Rußland stand der Ausgang des Krieges in den Sternen. Ohne sich die übrigen polnischen Gebiete einverleiben zu können, hätte es die

Autonomie Kongreßpolens zweifellos als politische Niederlage empfunden. Die weitestreichenden Pläne sahen vor, in den Gebieten, die künftig Rußland gehören sollten, eine polnische Selbstverwaltung einzuführen. In den dortigen Behörden und Gerichten sollte neben Russisch auch Polnisch als Amtssprache zugelassen sein. Ferner gab es Überlegungen, den Polen in den Bereichen Wirtschaft, Bildung und Religion eigene Zuständigkeiten zu gewähren. Der Unterricht allerdings sollte nur an den Elementarschulen auf Polnisch stattfinden, in den mittleren und höheren Schulen hingegen auf Russisch.

Die große Mehrheit der polnischen Bevölkerung schwieg und wartete ab, wie sich die Dinge entwickeln würden. Einstweilen brachte der Krieg vor allem Erschwernisse mit sich. Bis zum September 1915 zogen diverse Armeen kämpfend durch polnisches Land. Zuerst marschierten die Russen durch Galizien bis fast nach Krakau, während die Truppen der Mittelmächte beinahe ganz Kongreßpolen besetzten. Dann verschob sich der Frontverlauf monatelang bald in die eine, bald in die andere Richtung. Schließlich begann im Frühjahr 1915 eine Offensive der Mittelmächte, in deren Verlauf die russischen Truppen nach Osten zurückgedrängt wurden. Weite Gebiete Polens erlitten ungeheure Zerstörungen. Größer waren die Verluste nur an den französischen und italienischen Frontabschnitten, wo die Kämpfe drei, vier Jahre andauerten.

Je länger der Krieg sich hinzog, desto häufiger waren die Großmächte gezwungen, sich mit der polnischen Frage auseinander zu setzten, selbst wenn sie keine Lust dazu hatten. Als die Armeen der Mittelmächte im Sommer 1915 Kongresspolen einnahmen, verschwand die gesamte russische Verwaltung. Um nun die politischen, aber auch materiellen Kosten der Okkupation zu minimieren, war es unumgänglich, die Polen wie Partner zu behandeln und sie als Beamte, Richter oder Lehrer ins öffentliche Leben einzubeziehen. Außerdem schwand die Hoffnung auf einen Separatfrieden mit Rußland von Tag zu Tag mehr.

Nur vorsichtig unternahmen die Mittelmächte erste Schritte, um zu signalisieren, daß sie bereit seien, sich der polnischen Frage anzunehmen. Einer dieser Schritte bestand darin, an den Schulen Polnisch als Unterrichtssprache einzuführen (obwohl das Deutsche für die Schulen der deutschen und jüdischen Minderheit verbindlich war). Im November 1915 eröffnete man in Warschau die Universität und das Polytechnikum mit Polnisch als Vorlesungssprache. In beiden Fällen hatte man eigentlich gar

keine andere Wahl mehr, denn die Schulen mußten ihren Betrieb wieder-
aufnehmen, und die russischen Sprache beizubehalten, wäre absurd gewesen. Im Januar 1916 entschied man, Stadt- und Kreisratswahlen durchzuführen. Wenn die Kompetenzen dieser Gremien auch ziemlich gering
waren, so billigten die Deutschen den Polen in Fragen der Bildung, Kultur
und Selbstverwaltung mehr zu als die Russen – und die Österreicher in
ihrem Besatzungsgebiet wiederum mehr als die Deutschen.

Die Logik des Krieges zwang die Mittelmächte dazu, sich der polnischen Frage anzunehmen. Da Rußland nach Osten gedrängt werden
sollte, mußte Polen wieder auf die europäische Landkarte zurückkehren.
Offen war nur, in welchen Grenzen und in welcher Form. Für Deutschland, dessen Stimme hierbei von entscheidender Bedeutung war, ergaben
sich zwei denkbare Lösungen. Beide hatten Vor- und Nachteile.

Erste Möglichkeit: Österreich-Ungarn werden all jene Gebiete zuge-
schlagen, die vor dem Krieg unter russischer Herrschaft standen, außer
jenem Streifen, der an das Deutsche Reich grenzte. Vorteil dieser Lösung:
Die Polen hätten keine Möglichkeit mehr, selbständig zu handeln. Nachteil: Die Bedeutung der Polen in der Habsburgermonarchie stiege erheblich, sie würden zum dritten gleichberechtigten Glied dieses Staates avan-
cieren. Außerdem wäre diese Konstellation geeignet gewesen, den Gegensatz zwischen Österreich und Deutschland, das ja weiterhin umfangreiche
polnische Gebiete in Besitz hielt, zu vertiefen.

Möglichkeit zwei sah vor, aus den Gebieten Kongresspolens einen
Zwergstaat zu bilden, der im Westen zugunsten des Deutschen Reiches
verkleinert und im Osten leicht erweitert wird. Vorteil: Deutschland stiege
zur Schutzmacht Polens auf und könnte so alle polnischen Bestrebungen
kontrollieren. Nachteil: Die zum Deutschen Reich gehörigen polnischen
Gebiete würden Bestrebungen entwickeln, diesem neuen Staatsorganismus
beizutreten. Die intensive Germanisierungspolitik im preußischen Teilgebiet wäre damit unweigerlich beendet.

Hatten die Polen, die mit den Mittelmächten zusammenarbeiteten, in
dieser Zeit eine klare Vorstellungen von ihrem künftigen Platz in Europa?
Nur in sehr groben Zügen. Im Wesentlichen ging es ihnen darum, für das
dereinstige Polen möglichst günstige Bedingungen herbeizuführen – sei es
innerhalb der Habsburgermonarchie oder in einem eigenen Staat. Man war
sich völlig bewußt, daß ein solcher Staat – mehr oder weniger – von einer
deutschen beziehungsweise österreichischen Schutzmacht abhängig wäre.

Den großen Gewinn sah man jedoch darin, daß das polnische Anliegen wieder auf die Agenda der internationalen Politik zurückkehrte.

Im Juli 1915 ging Rußland in seinen offiziellen Versprechungen einen Schritt weiter. Premier Goremykin erklärte, nach dem Krieg solle Polen innerhalb russischer Grenzen nationale, kulturelle und wirtschaftliche Autonomie erhalten. Das war nicht allzu viel. Der nächste Regierungschef, Stürmer, sprach im Februar 1916 bereits über Polens Zukunft, ohne jedoch konkreter zu werden. Unter den russischen Politikern gab es Meinungsverschiedenheiten. Die einen wollten den Polen bereits jetzt Autonomie versprechen, die anderen wollten alle wichtigen Fragen erst bei Kriegsende klären. Großbritannien und Frankreich überließen in der polnischen Frage das Entscheidungsrecht weiterhin ihrem Bündnispartner.

Die wichtigsten Anhänger Rußlands unter den Polen hatten sich gemeinsam mit den russischen Truppen aus allen polnischen Gebieten zurückgezogen. Sie setzten darauf, daß der Gang der politischen Ereignisse das Zarenreich zu konkreteren Zusagen bewegen werde. Schon bald erkannte Dmowski, wie wichtig britischer und französischer Druck auf Rußland wäre. Im Herbst 1915 reiste er deshalb nach Westen, zuerst in die Schweiz, später nach Großbritannien und Frankreich. Dort propagierte er seinen Plan, nach Kriegsende einen unabhängigen polnischen Staat zu gründen, stieß damit aber nur auf geringe Resonanz.

In den beiden Anfangsjahren des Ersten Weltkrieges übertrafen sich die Kriegsparteien also nicht gerade mit Versprechungen an die Polen. Auf beiden Seite überwogen Allgemeinplätze. Nur eines ließ sich daraus ableiten, nämlich daß die Zukunft Polens in Europa hieß: Autonomie unter den Habsburgern beziehungsweise Romanows oder Kleinstaat unter deutscher Vorherrschaft. Dies bedeutet keineswegs, die unverbindlichen Äußerungen gering zu achten. Sie stellten einen wichtigen Schritt dar, denn die polnische Frage war auf internationalem Parkett wieder zum Thema geworden.

Erst sehr spät begannen die Mächte, sich in ihren Offerten an die Polen gegenseitig zu überbieten. Am 5. November 1916 wurde eine Proklamation des deutschen und des österreichischen Kaisers veröffentlicht, in der sie die Gründung eines Königreichs Polen erklärten. Das war schon mehr als sonst, ein recht konkreter Schritt, obwohl noch ungeklärt war, welche Grenzen dieses Gebildes einmal haben würde. Außerdem sollte der »Anschluss« an Deutschland und Österreich-Ungarn nicht aufgegeben werden. Solange Polen noch kein genau umrissenes Territorium besaß, konnte es also nicht auf die Landkarte Europas zurückkehren. Aber in den politischen Wörterbücher fand es bereits wieder seinen festen Platz.

Fast augenblicklich reagierte Rußland auf diesen Vorstoß: Zum ersten Mal wurde nun in einer offiziellen Regierungserklärung die Entstehung eines autonomen Polens in Aussicht gestellt, das mit allen Gebieten vereint werden sollte, in denen Polen lebten. Der Begriff »Autonomie« schien größere Beschränkungen zu implizieren als »Anschluss«, obwohl beide letztlich nicht allzu weit auseinander lagen. Rußland überbot die Mittelmächte mit dem Versprechen, alle polnischen Gebiete miteinander vereinigen zu wollen. Im darauffolgenden Monat legte der russische Premier sogar noch einmal nach und sprach nicht mehr von Autonomie, sondern von einer Union mit Rußland.

Die nächste Phase im Wetteifern um Polen begann nach dem Ausbruch der Russischen Revolution. Zwei Wochen nach ihrem Sieg, im März 1917, sprach sich der Petersburger Rat der Arbeiter- und Soldaten-Delegierten, in dem die Menschewiki die Mehrheit besaßen, für die Unabhängigkeit Polens aus. Zwar war der Rat keine Regierungsinstitution, aber er besaß enormen Einfluss. Drei Tage später machte sich die Provisorische Regierung diese Position zueigen und erkannte die Notwendigkeit an, daß es in einem »erneuerten Europa« ein unabhängiges Polen geben müsse. Rußland fielen diese Gesten nicht schwer. Die polnischen Gebiete befanden sich unter deutscher und österreichischer Kontrolle, und der Ausgang des Krieges war ungewiss. Die russische Regierung fügte jedoch noch den Vorschlag hinzu, mit Polen ein Militärbündnis einzugehen, überließ die Festlegung der Grenzen aber einer künftigen verfassunggebenden Versammlung.

Die russischen Verlautbarungen brachten die Mittelmächte in eine prekäre Lage. Sie konnten keine Vereinigung aller polnischen Gebiete anbieten, wie Rußland dies getan hatte. Die Deutschen sperrten sich gegen jeden Verlust auch kleinster Territorien. Schließlich hatten sie den Krieg nicht begonnen, um einen Teil des Reichsgebietes zu verlieren. Man zog in Betracht, das frühere Kongreßpolen mit Galizien zu vereinen – sei es als Staat unter deutscher oder habsburgischer Obhut. Selbst der zweite Lösungsansatz stellte im Licht der »Mitteleuropa«-Konzeptionen, die damals populär zu werden begannen, keinen schmerzlichen Einflussverlust für Deutschland mehr dar: Denn Österreich-Ungarn sollte – gegebenenfalls um ein polnisches Glied erweitert – eng mit dem Kaiserreich verbunden bleiben. In diesem »Mitteleuropa« unter deutscher Vorherrschaft hatten auch Gebiete östlich von Polen ihren Platz – so die baltischen Staaten, Rumänien, eventuell auch ein Teil der Ukraine.

Eine Ahnung dessen, was Polen zu erwarten hatte, vermittelte im Sommer 1917 die Forderung, die Polnischen Legionen sollten einen bindenden Eid auf die Waffenbrüderschaft mit Deutschland und Österreich-Ungarn ablegen. Allerdings mußten die Mittelmächte, um die russischen Offerten zu überbieten, auch vollendete Tatsachen schaffen. Deshalb riefen Deutschland und Österreich-Ungarn im Oktober 1917 einen Rat der Regenten als höchste staatliche Instanz für das Königreich Polen ins Leben, der die Oberhoheit über einige Bereiche des öffentlichen Lebens wie Gerichtsbarkeit, Unterrichtswesen oder regionale Verwaltung innehatte.

Ein Platz für Polen war also in den Europa-Konzeptionen beider Großmächte vorgesehen, sowohl in einem Europa, das von Deutschland geführt als auch einem, das von Rußland dominiert würde. Polens Platz war jedoch bescheiden. Die deutsche und österreichische Formel einer »Waffenbrüderschaft« unterschied sich nicht allzu sehr von jenem Militärbündnis, das Rußland versprochen hatte. In allen Planungen sollte der neue Staat nur eine begrenzte Unabhängigkeit erhalten, zum Satelliten eines mächtigen Nachbarn, aber nicht zu einem eigenständigen Subjekt der europäischen Politik werden.

In der polnischen Frage verhielten sich die westlichen Verbündeten Rußlands weiterhin zurückhaltend. Sie sicherten ihrem östlichen Partner volle Unterstützung zu, wollten seinen Entschluss zur Fortsetzung des Krieges nicht beeinträchtigen, fürchteten jedoch einen Separatfrieden zwischen Rußland und Deutschland. Die polnische Frage wurde also weiterhin bündnispolitischen Aspekten untergeordnet. Nur ganz allmählich – angesichts der sich radikalisierenden Revolution in Rußland und der ungewissen Zukunftsaussichten – entschloss man sich, den Polen gegenüber etwas unbefangener aufzutreten.

Die neue internationale Lage veränderte die Pläne der polnischen Politiker tiefgreifend. Die Befürworter einer Zusammenarbeit mit den Mittelmächten spalteten sich. Piłsudski und seine Anhänger verweigerten einen Eid der Polnischen Legionen auf die Waffenbrüderschaft mit Deutschland und Österreich. Daraufhin wurde Piłsudski von den Deutschen interniert. Fast siebentausend Legionäre teilten sein Los oder wurden, sofern sie aus Galizien stammten, zwangsweise der österreichischen Armee einverleibt.

Zwei Umstände veranlassten Piłsudski, seine Absichten zu ändern. Einerseits schienen Rußlands Versprechungen vorteilhafter für Polen zu sein. Andererseits wurde ein Sieg Deutschlands und Österreich-Ungarns immer unwahrscheinlicher, je länger der Krieg dauerte. Das Reservoir dieser Staaten an Menschen und Material war begrenzt, und im Westen konnten ihre Gegner nun auf den Beistand der Vereinigten Staaten rechnen, die im April 1917 in den Krieg eingetreten waren.

Aber nicht nur Piłsudski änderte seine Pläne. Im Mai 1917 sprachen sich die polnischen Abgeordneten des Galizischen Sejms einstimmig für die Schaffung eines unabhängigen, vereinigten Polens aus, noch dazu mit einem Zugang zum Meer. Für das Deutsche Reich war dies eine offene Provokation, denn der Weg an die Küsten der Ostsee führte in jedem Fall durch deutsches Gebiet. Die gleichzeitig geäußerte Hoffnung, daß die Polen dieses Ziel mit Hilfe der Habsburgermonarchie durchsetzen könnten, war wohl eher taktischem Kalkül als nüchterner Überlegung geschuldet.

Den Plan, nicht nur einen vereinigten, sondern auch einen unabhängigen polnischen Staat zu errichten, machten sich auch jene Politiker zu eigen, die ihre Hoffnungen auf einen Sieg der Entente – der gegen Deutschland gerichteten Koalition – gesetzt hatten. Das von ihnen im August 1917 gebildete »Polnische Nationalkomitee« mit Sitz in Paris wurde wenige Wochen später von den westlichen Staaten als polnische Interessenvertretung anerkannt.[5]

Der nächste Gesinnungswandel trat ein, als die Bolschewiki in Rußland den Sieg errangen und sich das Land aus dem Krieg zurückzog – zunächst im Dezember 1917 durch einen Waffenstillstand, dann, nach einem kurzen Moment des Aufbegehrens, Anfang März 1918 durch den Friedensvertrag von Brest-Litowsk. Das bolschewistische Rußland gab alle Ansprüche auf polnische Gebiete auf. Die Mittelmächte durften nun davon ausgehen, daß sie im Falle eines Sieges ohne Rücksicht auf russische Begehrlichkeiten frei über das weitere Los dieser Territorien entscheiden können.

Angesichts der Schwäche Rußlands gelangte man in Deutschland zu der Ansicht, seine Begehrlichkeiten weit nach Osten ausdehnen zu können. Polen verlor seine frühere Bedeutung als Vorposten deutscher Interes-

---

5 Das Polnische Nationalkomitee versammelte die ehemaligen Rußlandanhänger, vor allem die mit Roman Dmowski verbundenen Politiker.

sen im Osten, da nun die Ukraine auf der politischen Landkarte Europas entstand. Mit dem neuen Staat ließe Polen sich in Schach halten, und umgekehrt. Erste Anzeichen dieser Politik waren in einem Abkommen zwischen den Mittelmächten und der Ukraine zu erkennen, worin ihr ein Teil Kongreßpolens zuerkannt und außerdem zugesichert wurde, aus Ostgalizien eine gesonderte ukrainische Provinz zu formen.

Der Sieg der Bolschewiki und der Rückzug Rußlands aus dem Krieg war für die Politik der Westmächte in der polnischen Frage von großer Bedeutung. Bei der Suche nach einer Nachkriegsordnung konnten sie auf russische Interessen keine Rücksicht mehr nehmen. Mehr noch: Die Schaffung eines unabhängigen und starken polnischen Staates als Bollwerk gegen die Ausbreitung des Bolschewismus wurde nun aus ihrer Sicht zu einer Notwendigkeit. Die westlichen Verbündeten sprachen sich also öffentlich für ein unabhängiges Polen aus – Frankreich und Italien im Dezember 1917, Großbritannien einen Monat später. Eine besondere Rolle kam dabei dem Präsidenten der Vereinigten Staaten Woodrow Wilson zu, der am 8. Januar 1918 vor dem amerikanischen Kongress sein berühmtes 14-Punkte-Programm vorstellte, worin er die Grundzüge einer künftigen Friedensordnung für Europa skizzierte. Die Hälfte der Punkte betraf notwendige territoriale Veränderungen, so unter anderem die Gründung eines unabhängigen Staates Polen mit Zugang zum Meer.

Die letzten Kriegsmonate waren nur noch ein Epilog. Die militärischen Kräfte der Mittelmächte erschlafften, Anti-Kriegs-Demonstrationen erschütterten diese innenpolitisch schwer. Nichts konnte die Niederlage Deutschlands und den Zerfall Österreich-Ungarns jetzt noch aufhalten. Am Ausgang des Krieges erlebten beide Großstaaten, die den östlichen Teil des Kontinents dominieren und Polen auf die Rolle eines Satelliten reduzieren wollten, eine Schwächephase.

Die Forderung nach Unabhängigkeit wurde nun nicht mehr allein von polnischen Politikern erhoben. Große Teile der Bevölkerung, die diese Möglichkeit bereits aufgegeben hatten, sahen ein freies Polen plötzlich in greifbare Nähe gerückt. Es gab kein Zweifel mehr daran, daß dieser Staat als Element der europäischen Nachkriegsordnung Wirklichkeit werden wird. Unklar war nur noch, wie sein politisches System beschaffen sei, welche Grenzen er haben und auf welcher Grundlage über ihren Verlauf entschieden wird.

Die europäische Ordnung, die man nach Beendigung des Ersten Weltkrieges vereinbarte, sollte auf drei Grundsätzen beruhen: friedliches Zusammenleben, nationale Freiheit und Demokratie. Keiner dieser Grundsätze wurde jedoch hinreichend abgesichert. Auch der frisch gegründete Völkerbund war nicht in der Lage, dies zu leisten. Seine Kompetenzen beschränkten sich darauf, den Frieden zu wahren. Die Möglichkeit von Interventionen mit dem Ziel, nationale Freiheiten zu sichern, waren nur im Fall der neu gegründeten Staaten vorgesehen. Fragen der bürgerlichen Freiheitsrechte und Demokratie lagen nicht im Zuständigkeitsbereich des Völkerbundes.

Für Polen war der Völkerbund zweitrangig, schon allein deshalb, weil keiner der beiden großen Nachbarn dieser Organisation angehörte, weder Deutschland noch Rußland beziehungsweise die Sowjetunion. Eine viel größere Bedeutung hatten die Rüstungsbegrenzungen, die dem besiegten Deutschland im Versailler Friedensvertrag auferlegt wurden, sowie die Isolierung Rußlands auf internationalem Parkett.

Die territoriale Ordnung Europas wurde in der ersten Hälfte des Jahres 1919 von den Siegermächten, allen voran Großbritannien und Frankreich, auf der Pariser Friedenskonferenz festgelegt. Dieser Ordnung fehlte jedoch von Anfang an die erforderliche Stabilität. Deutschland mußte zwar den Versailler Vertrag unterzeichnen, doch akzeptierte es dessen Bestimmungen nicht, auch nicht die territorialen. Rußland war in Paris gar nicht erst vertreten, so daß Fragen, die russische Interessen betrafen, praktisch nicht behandelt wurden.

Da das Verhältnis zu Deutschland und Rußland für Polen von höchster Bedeutung war, garantierte ihm das sogenannte Versailler System keine ausreichende Sicherheit. Allerdings hatten die Polen bei der Schaffung des europäischen Systems auch nicht allzu viel zu sagen gehabt. Für Frankreich und England spielte Polen nur eine untergeordnete Rolle als Teil ihrer geopolitischen Pläne. Großbritannien fürchtete eine allzu große Dominanz Frankreichs auf dem Kontinent, also bemühte es sich, Deutschland nicht übermäßig zu schwächen. Frankreich seinerseits träumte noch eine Zeitlang von der Möglichkeit, das Bündnis mit Rußland zu erneuern, sobald dort die Gegner des Bolschewismus gewonnen hätten.

Erst im Februar 1921, als die Bolschewiki in Rußland schon entscheidende Erfolge errungen hatten, entschloss sich Frankreich, mit Polen ein Bündnis einzugehen. Darin verpflichtete es sich zu militärischem Beistand im Falle eines deutschen Angriffs auf Polen, nicht aber eines russischen. Solange jedoch der Sowjetstaat vom Rest des Kontinents isoliert blieb und in Europa das Schreckgespenst einer kommunistischen Revolution umherging, bildete Polen den wichtigsten Teil des »Cordon sanitaire«, der Europa nach Osten schützen sollte. In Großbritannien und Frankreich waren damals jedoch die Sozialisten stark (in Frankreich später auch die Kommunisten), und sie beäugten die Polen skeptisch, weil diese sich sowohl mit Deutschland überwarfen, das von Sozialdemokraten mitregiert wurde, als auch mit dem neuen Rußland, das sich auf den Sozialismus berief.

Polen war in seinem unmittelbaren Umfeld isoliert. Mit Litauen entzweite es sich im Streit über die Hauptstadt Wilna, wo hauptsächlich Polen und Juden lebten und der litauische Bevölkerungsteil gering war. Durch die Besetzung der Stadt schuf Polen vollendete Tatsachen. Anfangs gab es sogar Pläne, Litauen zu einer Union zu bewegen. Im Ergebnis wäre dies auf eine polnische Dominanz hinausgelaufen. Die Beziehungen zur Tschechoslowakei wurden nicht nur durch den Konflikt um das Teschener[6] Industriegebiet belastet, den das Nachbarland für sich entschied, sondern auch durch das Gerangel um die Frage, wer Frankreichs Hauptverbündeter im Osten wird. Wenngleich die Tschechoslowakei weder über das politische noch das militärische Potential Polens verfügte, war sie im tschechischen Landesteil wirtschaftlich viel besser entwickelt. Außerdem gelang es ihr, Rumänien und Jugoslawien zur Bildung einer sogenannten »Kleinen Entente« zu bewegen. Polen konnte dies durch sein Bündnis mit Rumänien von 1921 nur zum Teil wettmachen. Doch Konflikte mit Nachbarn und zwischenstaatliche Aversionen stellten im damaligen Europa die Norm dar, nicht die Ausnahme. Zwar nahmen diese Auseinandersetzungen vor allem in Mitteleuropa und auf dem Balkan scharfe Formen an, aber auch im Westen waren sie zu beobachten.

6 Teschen: Stadt im südlichen Schlesien, die teils auf polnischem teils auf tschechoslowakischem Territorium liegt.

Die innere Lage Polens trug nicht gerade zu seiner Stabilität bei. Der Grundsatz nationaler Freiheiten sollte im umgebauten Europa ausgerechnet von den Nationalstaaten realisiert werden. Ein schwieriges Unterfangen – betonten doch selbst multinationale Gebilde wie die Tschechoslowakei und das Königreich der Serben, Kroaten und Slowenen (der »SHS-Staat«, später Jugoslawien genannt) die ethnische Nähe oder gar gemeinsame Identität ihrer Völker.

Dies stimmte nun wiederum mit den Konzeptionen des amerikanischen Präsidenten Wilson überein, der zufolge Fragen zur Grenzziehung mittels Bevölkerungsstatistik und Plebiszit zu entscheiden waren. Paradoxerweise hatten ausgerechnet die Vereinigten Staaten, dieser Melting Pot verschiedener Rassen und Völker, kaum etwas mit den europäischen Nationalstaaten gemein. So ist es kein Zufall, daß die westeuropäischen Siegerstaaten Wilsons Ansichten äußerst reserviert begegneten, da sie sich bewusst waren, welche Komplikationen in Ostmittel- und Südosteuropa auftraten. Viele Gebiete wurden von zwei, drei oder gar vier Nationalitäten bewohnt. Die Bevölkerung der Städte unterschied sich in ethnischer Hinsicht von der in ländlichen Regionen. Wirtschaftliche Verbindungen verliefen quer zu nationalen Schranken. Historische Grenzen waren unvereinbar mit ethnischen Trennlinien. Mitunter lagen die kulturellen Zentren eines Volkes in Gebieten, die mehrheitlich von Menschen anderer Nationalität bewohnt wurden. Letztlich entstanden also Gebilde, die nur ihrer Ideologie nach Nationalstaaten waren, nicht jedoch nach ihrer ethnischen Zusammensetzung.

Polen unterschied sich darin nicht von der Mehrheit der übrigen neu gegründeten Staaten Europas. Es wurde als Nationalstaat gegründet, doch gehörte ein Drittel seiner Bevölkerung nationalen Minderheiten an, die in manchen Gegenden die Majorität stellten. Bei ihnen handelte es sich hauptsächlich um Ukrainer, Juden, Weißrussen und Deutsche. Viele Polen in der Sowjetunion, Deutschland, der Tschechoslowakei, Litauen und Lettland sind hingegen außerhalb der Landesgrenzen geblieben.

Schon am Beginn des staatlichen Wiederaufbaus von Polen erwies sich der Grundsatz friedlichen Zusammenlebens in Europa als Illusion. Territorium und Grenzen des neuen Landes wurden erst in zahlreichen bewaffneten Konflikten gefestigt. Für Westeuropa endete der Krieg im Jahr 1918. Im Osten dauerten die Kämpfe hingegen an. Die Langwierigkeit und Zahl von Kriegen, die Polen seit 1918 führte, überstieg bei weitem das,

was andere Länder der Region erleben mußten: Kriegerische Auseinandersetzungen blieben eigentlich auf das Gebiet des ehemaligen Zarenreichs
beschränkt sowie auf Ungarn, das die Konflikte mit seinen unmittelbaren
Nachbarn allerdings schon 1919 beendete.

Polens Grenzen waren, wie gesagt, nur im geringen Maße das Resultat
internationaler Abkommen, die auf Bevölkerungsstatistiken und Plebiszite
rekurrierten. Die Verantwortung für den Griff zur Waffe traf die Polen
und ihre Nachbarn gleichermaßen. Wer einem Konflikt auswich, verlor
die umstrittenen Territorien. Seit November 1918 begleiteten bewaffnete
Kämpfen die Entstehung des polnischen Staates: mit den Ukrainern um
Lemberg und Ostgalizien; mit den Deutschen um das Posener Gebiet und
später Oberschlesien; mit der Tschechoslowakei um das Teschener Gebiet
und mit Litauen um das Wilnaer Gebiet – am längsten und heftigsten
aber mit Sowjetrußland.

Die Auseinandersetzungen mit ihm nahmen teilweise einen dramatischen Verlauf, vor allem 1920. Zuerst marschierten die Polen mit dem
Einverständnis der Führung der Ostukraine bis nach Kiew vor; im Ge-
genzug standen die russischen Truppen bald vor den Toren Warschaus,
als eine polnische Befreiungsoffensive begann und die Rote Armee wieder mehrere hundert Kilometer zurückdrängte. Daß der russische Angriff
aufgehalten wurde, war für Europa von enormer Bedeutung, auch wenn
dies nur wenige bemerkten und verstanden. Die Zerschlagung Polens, zu
der es beinahe gekommen wäre, hätte zur unmittelbaren Konfrontation
zweier Kräfte geführt, die die europäische Nachkriegsordnung in Frage
stellten: Deutschland, das von einer Revolution heimgesucht wurde, und
der russische Kommunismus.

In seinem veröffentlichten Tagebuch »Die achtzehnte Entscheidungs-
schlacht der Weltgeschichte« (The Eighteenth Decisive Battle of the
World) notierte der britische Diplomat Lord Edgar d'Abernon, der damals
in Polen tätig war: »Wenn der Kommunismus in Deutschland herrschen
würde, wäre die Sicherheit ganz Europas gefährdet.«

Obwohl es Polen gelang, sich aus der Situation des Jahres 1920 mit
einem blauen Auge zu befreien, spielte das Schreckgespenst einer russisch-
deutschen Annäherung weiterhin eine wesentliche Rolle, nicht nur für
Polen, sondern für ganz Europa. Als im April 1922 der Vertrag von Rapallo
unterzeichnet wurde, gewann dieses Szenario vorübergehend besondere
Aktualität. Zwar stellte sich heraus, daß der Inhalt des Vertrages an sich

harmlos war – die späteren, teilweise geheimen Militärabkommen zwischen dem Deutschen Reich und der Sowjetunion dürfen als ungleich bedrohlicher gelten –, doch sah man darin zurecht eine Annäherung zweier Partner, die das Versailler Systems zutiefst ablehnten.

Die Ereignisse der Nachkriegsjahre führten dazu, daß das Verhältnis Polens zu seinen nationalen Minderheiten Konfliktcharakter annahm. Ein friedliches Zusammenleben der Nationalitäten war kaum mehr möglich. Die in Polen lebenden Deutschen, Ukrainer und Weißrussen betrachteten einen der jeweils angrenzenden Staaten als ihre Schutzmacht. Diese Länder wiederum hielten es für politisch vorteilhaft und für ihre moralische Pflicht, Menschen gleicher ethnischer Zugehörigkeit im Ausland zu unterstützen. Die einzige größere Minderheit, die sich auf keinen eigenen Staat berufen konnte, waren die polnischen Juden. Allerdings besaßen sie Rückhalt bei jüdischen Schichten in Westeuropa, die zwar relativ klein waren, aber in ihren Ländern erheblichen Einfluss besaßen, sowie bei der starken jüdischen Gemeinschaft in den USA.

Das Prinzip des Nationalstaates, das in einem multiethnischen Land verwirklicht werden sollte, schuf Raum für spontane, zum Teil aber auch gesteuerte Aktivitäten polnischer Nationalisten. Dies schlug sich auch in der staatlichen Politik nieder. Während der Zwischenkriegszeit gehörte kein Politiker einer nationalen Minderheit irgendeiner parlamentarischen Koalition oder gar der polnischen Regierung an – und außer den Juden glaubte keine der Minderheiten, dem Staate Polen Loyalität zu schulden, oder sie missachteten einfach ihre Treuepflicht.

Deshalb lässt sich der polnische Antisemitismus nicht mit staatsbürgerlicher Illoyalität erklären, da gerade die Juden in ihrer überwältigenden Mehrheit die polnische Staatlichkeit akzeptierte. Ein kleiner Teil von ihnen, insbesondere Jugendliche, sympathisierte zwar mit Sowjetrussland und dem Kommunismus, doch das hatte politische Gründe, keine nationalen. Übrigens fanden sich Anhänger des Kommunismus nicht nur unter Juden, Ukrainern und besonders Weißrussen, sondern auch in der polnischen Bevölkerung selbst.

In der Zwischenkriegszeit wurden die Rechte der nationalen Minderheiten in vielen Staaten Europas verletzt, in alten wie neuen. Am tolerantesten waren Länder mit kleinen Minderheiten, doch selbst dann gab es noch Anlass zur Klage. Internationale Verpflichtungen, die auf die Wahrung von Minderheitenrechten Bezug nahmen und den neuen Staaten auferlegt wurden – so der »Kleine Versailler Vertrag« im Falle Polens – dienten häufig als Instrument, um Nachbarländer unter Druck zu setzen, Klagen an den Völkerbund zu richten oder Sanktionsdrohungen auszusprechen.

Wegen der Einseitigkeit der Verträge war es Polen verwehrt, mit gleicher Münze heimzuzahlen, doch versuchte es im Rahmen seiner Möglichkeiten, als Schutzmacht der im Ausland lebenden Polen aufzutreten. Diese mußten vielfältige Einschränkungen ihrer Freiheit ertragen, so in Deutschland und Litauen. Am schlimmsten waren die Repressionen gegen Polen allerdings in der Sowjetunion, wenngleich sie im Allgemeinen keinen nationalen, sondern eher einen politisch-ideologischen Hintergrund hatten (z. B. die Religionsfrage) und klassenkämpferischen Charakter besaßen.

Die neuen Staaten Europas wurden nach dem Vorbild der westlichen Siegermächte als parlamentarische Demokratien erschaffen. Die Demokratie brachte jedoch ein Bündel von Problemen mit sich, die für ein Land, das seiner Ideologie nach ein Nationalstaat sein wollte, aufgrund seiner Bevölkerungszusammensetzung aber multinational war, kaum lösbar schienen. Angesichts der stark auseinanderfallenden politischen Ansichten unter den verschiedenen Gruppen der polnischen Bevölkerung sah sich jede Regierungskonstellation zur Instabilität verurteilt, solange die parlamentarische Demokratie fortbestand.

Zwei weitere Faktoren kamen erschwerend hinzu. Zum einen das Fehlen einer politischen Kultur – besonders die Zersplitterung in viele kompromissunfähige Parteien. Dieses Problem war auch in anderen neuen Staaten zu beobachten, vor allem dort, wo Erfahrungen mit dem parlamentarischen System fast völlig fehlten. Das traf auch auf die Polen zu, die vor dem Krieg unter russischer Herrschaft gelebt hatten. Die aufeinander folgenden Dumas stellten keine wirklichen, von der Exekutive unabhängigen Parlamente dar. Dementsprechend hatte die kleine Gruppe polnischer Abgeordneter keine Möglichkeit, sich am politischen Geschehen zu beteiligen. Das war übrigens bei den polnischen Parlamentariern, die im Deutschen Reichstag und Preußischen Landtag saßen, nicht viel anders. Ihnen allen wurde nur eine sehr marginale Rolle zugestanden.

Wirtschaftliche Verwerfungen waren ein weiterer Faktor, der die Entwicklung zu einer funktionierenden parlamentarischen Demokratie erschwerte. Und wieder gilt: Dieses Problem war nach dem Krieg in ganz Europa zu beobachten. Fast alle Länder, die am Krieg teilgenommen hatten, litten unter einer fortschreitenden Geldentwertung. Den neuen

Staaten fehlte ein geordneter fiskalischer Apparat. Beim Aufbau einer Verwaltung und eines Heeres mußten sie von Null anfangen. Dabei waren inflationäre Entwicklungen ein häufig anzutreffender Hemmschuh.

Polen gehörte zu den wenigen Ländern, in denen die Inflation sprunghaft anstieg und 1923 das Stadium einer Hyperinflation erreichte. Die Lage hier ließ sich nur mit der in Deutschland vergleichen. Das wirtschaftliche Leben geriet vollkommen durcheinander – und im Endergebnis auch die Politik. Die Währungsreform von 1924 wiederum hielt für manche Gruppen erhebliche Härten bereit, was die Umstände nur noch weiter verschärfte. Die ökonomischen Schwierigkeiten, in denen Polen sich befand, waren zu großen Teilen eine Folge der Raubwirtschaft im Ersten Weltkrieg, der Kriegszerstörungen im Lande sowie der kostspieligen militärischen Auseinandersetzungen mit den Nachbarn.

In der Zwischenkriegszeit durchlebte die gesamte europäische Wirtschaft eine Strukturkrise. In Polen traten dabei besondere Schwierigkeiten auf. Sein Staatsgebiet hatte vor dem Krieg drei verschiedenen wirtschaftlichen Organismen angehört. In zwei von ihnen, in Deutschland und Rußland, hatte der Zugang zu den Binnenmärkten zahlreiche Vorteile mit sich gebracht. Ein Großteil der Kohleförderung und landwirtschaftlichen Produktion des preußischen Teilgebiets war in das Innere des Deutschen Reichs geliefert worden. Auch die Textilindustrie, der Maschinenbau und einige Bereiche der Luxusgüter-Produktion unter russischer Herrschaft hatten von den riesigen Absatzmärkten im ganzen Imperium profitiert. Bei der Kohle wurden die Schwierigkeiten der Nachkriegszeit nur dadurch gemildert, daß Deutschland bis 1925 in der Pflicht stand, Importe aus Polen nicht zu verzollen. Vom sowjetischen Markt war Polen hingegen fast vollkommen abgeschnitten.

Die strukturellen Ursachen seiner ökonomischen Probleme beschränkten sich jedoch nicht auf wegbrechende Absatzmärkte; ebenso schwer fiel ins Gewicht, daß die wirtschaftliche Infrastruktur nicht an das Territorium des polnischen Staates angepaßt war. Neben Jugoslawien war nur Polen aus der Vereinigung mehrerer Gebiete hervorgegangen, die bislang unterschiedlichen Staatsgebilden angehört hatten. Ob Verkehrswege, Telekommunikation oder Eisenbahn – für jeden dieser Bereiche existierten bislang getrennte Netze, die unter Berücksichtigung anderer wirtschaftlicher und militärischer Notwendigkeiten entstanden waren. Auch fehlte ein festes Regierungszentrum, das jedes Land mit einer Bevölkerung von mehr als 27 Millionen Menschen dringend benötigte. Es bedurfte erheblicher Ausgaben, um diesen Problemen zu begegnen, was die Inflation noch zusätzlich anheizte.

Mitte der zwanziger Jahre geriet Polen politisch wie wirtschaftlich ins Schlingern, und damit die polnische Demokratie insgesamt. Hierfür gab es verschiedene Gründe. Einer bestand in der Entwicklung der europäischen Verhältnisse: Im Oktober 1925 wurden in Locarno Verträge unterzeichnet, deren wichtigster, der sogenannte Rheinpakt, Garantien Großbritanniens, Frankreichs, Deutschlands, Italiens und Belgiens für gemeinsame Grenzen vorsah. Dies bedeutete, daß Deutschlands Grenzen zu Frankreich und Belgien, die allein sich nach 1918 noch verändert hatten, jetzt als unveränderlich anerkannt wurden.

Zwar verpflichteten Polen und Deutschland sich ihrerseits, Streitfragen ohne Anwendung von Gewalt zu lösen. Doch das Deutsche Reich verzichtete nicht darauf, eine Revision der Grenzen mit anderen Mitteln anzustreben. Auch ein polnisch-französisches Abkommen – zehn Tage später unterzeichnet – vermochte die polnischen Interessen nicht vollständig zu befriedigen; zwar sicherten sich die beiden Länder gegenseitige Unterstützung für den Fall zu, daß Deutschland seinen Verpflichtungen nicht mehr nachkommen sollte, doch wurde hierdurch lediglich das Bündnis mit Frankreich bekräftigt.

Die Übereinkünfte von Locarno entzweiten Europa. Der westliche Teil erhielt umfassende Grenzgarantien; der östliche konnte lediglich auf den Völkerbund setzten (dessen Einflußmöglichkeiten sehr begrenzt waren), auf Verteidigungsbündnisse und auf den erklärten Willen der meisten Staaten, bewaffnete Konflikte zu vermeiden.

Diese neue Lage in Europa war die unmittelbare Folge eines französischen Politikwechsels. Frankreich gab seine Absicht auf, Deutschland zu stark zu knebeln, denn das verschaffte nur der extremen Linken und Rechten im Nachbarland Auftrieb. Zwar zog man sich aus dem Bündnis mit Polen nicht zurück. Es schien nun aber wichtiger zu sein, Deutschland zu europäisieren und für das Versailler System zu gewinnen, selbst wenn Polen hierfür langfristig die Zeche zahlen mußte.

Welche Gefahren drohten Polen in dieser neuen europäischen Konstellation? Der Zollkrieg, den Deutschland ein halbes Jahr vor Locarno begonnen hatte, wies die Richtung. Die Abhängigkeit der polnischen Wirtschaft von der deutschen war enorm. In Berlin glaubte man, daß sich die Ökonomie des östlichen Nachbarn durch eine Importblockade ruinieren ließe, Polen jedoch Probleme haben werde, auf deutsche Produkte zu verzichten. Insbesondere ein Kernbereich der polnischen Produktion, die Kohleförderung, sollte in Mitleidenschaft gezogen werden. Polen reagierte darauf mit wenig wirkungsvollen Maßnahmen.

Seine wirtschaftlichen Schwierigkeiten waren nicht nur eine Folge des Zollkrieges. Schwache Regierungen, die keine stabile Parlamentsmehrheit hinter sich wussten, erwiesen sich als unfähig, den Staatshaushalt auszugleichen. Schritt für Schritt stieg die Inflation wieder an und wurde von hoher Arbeitslosigkeit flankiert. Ein ums andere Mal erschütterten Korruptionsaffären, in die selbst Spitzenpolitiker verwickelt waren, die Öffentlichkeit. So gingen ökonomische und politische Krisenphänomene eine unheilige Allianz ein, und in einem Land wie Polen, das keine parlamentarisch-demokratische Tradition besaß, wurde die Hoffnung, man könnte die Probleme vielleicht mit Hilfe eines starken Führers in den Griff bekommen, immer populärer. Auch in anderen neuen Staaten Europas, ja selbst in Ländern mit längerer demokratischer Tradition, reagierte ein großer Teil der Menschen mit solchen autoritären Sehnsüchten.

Der Zusammenbruch der parlamentarischen Demokratie war ein Phänomen, das sich in fast ganz Europa beobachten ließ. Am Ende der Zwischenkriegszeit haben sich alle Länder, die nach dem Ersten Weltkrieg zur Demokratie fanden, schon wieder von ihr abgewandt – nur Finnland und der Tschechoslowakei (bis 1938) gelang es, dieser Entwicklung zu entgehen. In Portugal und Italien, die vor dem Krieg noch demokratisch regiert wurden (wenn auch mit Einschränkungen), herrschten nun Diktaturen. Die politischen Systeme all dieser Länder, welche die Demokratie aufgaben, unterschieden sich voneinander. Vereinfachend kann man sie dem autoritären beziehungsweise dem faschistischen Diktatur-Typ zuordnen (wobei man zahlreiche Unterschiede zwischen Italien und dem nationalsozialistischen Deutschland berücksichtigen muß).

Mit dem Staatsstreich Józef Piłsudskis vom Mai 1926 begann in Polen die Errichtung eines autoritären Systems. Wie die Anführer der meisten neuen Staaten, die diesen Weg einschlugen, hatte sich Piłsudski in früheren Jahren als Militärführer hervorgetan und genoss den Ruf, der Architekt der Unabhängigkeit zu sein.

Das autoritäre System in Polen besaß, wie in anderen Ländern auch, bestimmte typische Merkmale. Piłsudski galt eher als Vater des Volkes denn als omnipotenter Führer. Das ideologische Grundgerüst des politischen Systems war nur schwach entwickelt. Massenindoktrination im größeren Maßstab fand nicht statt, vom Schulwesen abgesehen. Man verlangte eher den Gehorsam des Bürgers als seine aktive Unterstützung. Auch zeigte der Staat keine Neigung, sich Wirtschaft und Kultur unterzuordnen, wenngleich er sich gelegentlich in sie einmischte. Im Prinzip blieben bürgerliche und persönliche Freiheitsrechte bestehen, auch wenn die Machthaber sie missachten konnten, sofern es ihnen erforderlich erschien. Zwar gab es eine Zensur, doch tolerierte man in bemerkenswerter Weise die Freiheit des Wortes in Rede und Schrift. Die Gerichte blieben im großen und ganzen unabhängig, selbst wenn sie in einigen wenigen Fällen politisch unter Druck gesetzt wurden.

Im Gegensatz zu manch anderem autoritär regierten Staat in Europa, war in Polen die Tätigkeit oppositioneller Parteien und Organisationen möglich – allerdings mit einigen Ausnahmen. Seit der Unabhängigkeit durfte die Kommunistische Partei sich nicht mehr betätigen, und in den folgenden Jahren wurde allen Parteien und Organisationen nationaler Minderheiten, die die polnische Staatlichkeit nicht akzeptieren wollten, die Zulassung entzogen.

Zur Zeit der Diktatur wurden auch extrem nationalistische polnische Gruppierungen verboten, die ihren Ursprung in der Nationaldemokratie hatten, sich aber im politischen Kampf nicht von gewaltsamen Aktionen distanzierten. Die Diktatur, deren Motto »Sanierung« (Sanacja) hieß – was Gesundung des politischen Lebens meinte –, besaß kein elaboriertes Aktionsprogramm. Sie betonte lediglich die Notwendigkeit, jeden Parteiegoismus, der die Staatsraison außer Acht ließe, zu zügeln und die Korruption zu bändigen.

Auf internationaler Ebene war das Abweichen von demokratischen Gründsätzen unproblematisch. In der Zwischenkriegszeit nahmen weder die Politiker noch die Öffentlichkeit der demokratischen Staaten Anstoß an der Einführung diktatorischer Regime. Im Gegenteil. Daß in dem von Regierungskrisen geschüttelten Polen nun endlich Ordnung einkehrte, galt in Großbritannien und Frankreich eher als Anreiz für eine engere Kooperation. Die Regierungen des Sanacja-Regimes vertraten den Standpunkt, Polen müsse eine unabhängige Politik betreiben, um nicht auf Frankreichs Unterstützung angewiesen zu sein. Daher suchten sie nach Möglichkeiten, das Verhältnis zur Sowjetunion wie auch zu Deutschland zu entspannen.

In seinen ersten autoritär regierten Jahren konnte Polen durchaus gewisse Erfolge verzeichnen. Die wirtschaftliche Situation verbesserte sich. Der Beitrag der Regierenden hierzu war nicht übermäßig groß, doch spielte die politische Stabilisierung eine gewisse Rolle. Wichtiger war die konjunkturelle Entwicklung in Europa und der ganzen übrigen Welt. Gerade in der zweiten Hälfte der zwanziger Jahre wuchs die Wirtschaft fast überall und nährte die trügerische Hoffnung, daß die ökonomische Strukturkrise der Nachkriegszeit endlich überwunden sei. Der deutsche Plan, Polen durch einen Zollkrieg in die Knie zu zwingen, wurde 1926 durch einen siebenmonatigen Streik britischer Bergarbeiter durchkreuzt. Die Kohlenachfrage stieg sprunghaft an, was größere Exporte aus Polen ermöglichte.

Wie überall in Europa löste die Weltwirtschaftskrise, die im Herbst 1929 ausbrach, auch in Polen schwere ökonomische und soziale Erschütterungen aus. Man kann sogar sagen, daß Polen zu den am stärksten betroffen Staaten gehörte. Dies war nicht die Folge eines niedrigen wirtschaftlichen Entwicklungsstandes, was daran erkennbar ist, daß schlechter entwickelte Länder wie die auf dem Balkan oft weniger litten. In der krisenhaften Situation machten sich andere Faktoren bemerkbar. Noch immer bestand Polen aus verschiedenen Teilgebieten; die Umgestaltung des Binnenmarktes wurde nicht abgeschlossen und Beziehungen zu den ausländischen Märkten Europas blieben instabil. Eine gewisse Bedeutung besaß auch der andauernde Zollkrieg mit Deutschland, das wegen seiner Nähe und Größe eigentlich der wichtigste Partner Polens war.

Polens Industrieproduktion erreichte 1932 lediglich 63 Prozent des Standes von 1929, die deutsche zur gleichen Zeit sogar nur 53 Prozent. Der Unterschied war nicht allzu groß, und die deutschen Probleme wurden in Europa allgemein als katastrophal angesehen. Der Rückgang der Produktion schlug sich in sinkenden Beschäftigungszahlen und einem enormen Anstieg der Arbeitslosigkeit nieder. In Polen kletterte sie bei Arbeitern, die nicht in der Landwirtschaft beschäftigt waren, auf über 21 Prozent und bei Angestellten auf 12 Prozent.

In einem Land wie Polen, wo die Agrarwirtschaft dominierte, hatte die ländliche Bevölkerung nicht weniger unter den Schwierigkeiten zu leiden. Auch hier äußerte sich die Krise in einem katastrophalen Preisverfall und hohen Einkommensverlusten. Die Probleme waren jedoch noch viel größer als in den entwickelten Ländern Europas. In Polen gab es hauptsächlich kleine Bauernhöfe, die schon früher nur das Existenzminimum ihrer Betreiber sicherten. Versorgungsmangel und sogar Hunger wurden jetzt zu allgemein bekannten Erscheinungen. 1933 bekamen die Landwirte für ihre Bodenerzeugnisse nur noch 40 Prozent dessen, was sie 1928 verlangen konnten, und der Preisverfall in diesem Wirtschaftszweig hielt noch weitere zwei Jahre an.

Wirtschaftsnationalismus hieß die Antwort, die in Europa auf den krisenhaften Zusammenbruch gegeben wurde. Er fand seinen Ausdruck einerseits im Etatismus, das heißt in Bestrebungen, die Wirtschaft staatlichen Direktiven zu unterwerfen; andererseits bedienten sich die Länder protektionistischer Instrumentarien, unterstützten den Export, schirmten ihre Binnenmärkte mit hohen Zöllen oder anderen Hindernissen nach außen ab und schützen so die heimische Landwirtschaft vor billigen Importen.

Der Wirtschaftsnationalismus traf vor allem solche Staaten, deren Ökonomien aufgrund geringer Produktivität und eines niedrigen technischen Standards kaum konkurrenzfähig waren. Erst recht spät, das heißt gegen Ende der Krise, begann Polen, seine wirtschaftsnationalistischen Maßnahmen zu intensivieren. Doch das war nicht einfach ein Fehler der Politik, die verspätet reagierte, sondern auch Vorsicht, denn je schwächer ein Land in ökonomischer Hinsicht war, desto größer konnten die Schäden sein, die es durch Gegenmaßnahmen stärkerer Staaten erlitt.

Die Krise führte in Polen wie überall in Europa zu einer Radikalisierung des politischen Lebens. Der Einfluss der extremen, kommunistischen Linken wuchs, genauso wie der der nationalistischen Rechten. Für Fragen, die die nationalen Minderheiten betrafen, war diese Radikalisierung von besonderer Bedeutung. Denn den Schuldigen für ihre Schwierigkeiten sahen die Minderheiten im polnischen Staat – manchmal war das übertrieben, aber manchmal hatten sie durchaus recht damit – und konstatierten eine Bevorzugung von Polen auf dem Arbeitsmarkt sowie eine rigorosere Behandlung durch den Fiskus in Steuerfragen. Gleichzeitig verstärkten sich in der polnischen Bevölkerung überall dort nationalistische Tendenzen, wo Minderheiten als Konkurrenten auftraten. Dies war besonders im Verhältnis zu den Juden zu beobachten, die fast überall in Polen eine Starke Stellung in Handel, Handwerk und den freien Berufen besaßen. Radikale Studentenorganisationen verlangten die Einführung eines Numerus clausus, ja sogar eines Numerus nullus für Juden bei der Aufnahme an Hochschulen.

Trotz all dieser Spannungen erwies sich Polen in Zeiten der Weltwirtschaftskrise, verglichen mit vielen anderen europäischen Ländern, als politisch erstaunlich stabil. Bestimmend hierfür war die Grundüberzeugung aller politischen Gruppierungen (außer den radikalen), daß die Interessen des Staates bei allen Streitigkeiten eine gewisse Mäßigung erforderten, da Polen zwischen zwei feindlich gesinnten Nachbarn – Deutschland und der Sowjetunion – liege und zugleich von Konflikten mit nationalen Minderheiten zerrüttet sei. Die Sanacja-Regierungen hörten zwar nicht auf, die Opposition zu unterdrücken, doch blieben dieser relativ große Betätigungsmöglichkeiten erhalten. Zwar bekämpfte die Opposition die Regierung, aber einer ihrer prominentesten Vertreter, der Chef der Bauernpartei, Wincenty Witos, erklärte in einem gegen ihn angestrengten Prozess: »Polen ist nicht geeignet für Rebellionen, Anschläge und Unruhen. Wenn sich Polen mit seiner schwierigen geographischen, materiellen und ethnisch-nationalen Lage auf so einen Wahnsinn einließe, könnte es dies mit seiner Existenz zahlen – oder zumindest mit einem Teil seines Territoriums.«

Gegen Ende der Weltwirtschaftskrise änderte sich die internationale Lage Polens, und wie es den Anschein hatte zu seinem Vorteil. Die Sowjetunion unterschrieb 1932 mit Polen einen Nichtangriffspakt, ähnlich wie mit den meisten anderen ihrer Nachbarstaaten. Dieser war Teil eines allgemeinen Kurswechsels der sowjetischen Außenpolitik und dem gescheiterten Traum einer allgemeinen Weltrevolution sowie der Furcht vor einer Expansion Japans im fernen Osten geschuldet.

Noch wichtiger waren die Veränderungen, die die Machtübernahme der Nationalsozialisten in Deutschland mit sich brachte. Historiker und Publizisten haben sich wiederholt mit dem Problem des sogenannten Präventivkrieges befasst. Die einen behaupteten, daß die polnische Regierung im Jahr 1933 Frankreich vorgeschlagen hätte, gemeinsam gegen Hitler vorzugehen, andere hielten dies für eine Legende. Die Wirklichkeit war komplizierter: Polen, das mit Frankreich ein Bündnis eingegangen war, stellte in dieser Allianz den schwächeren Partner dar. Die vertraulichen diplomatischen Kontakte waren ein Versuch, die französischen Absichten zu ergründen, und kein Vorschlag konkreter Maßnahmen. Auch ging es darum festzustellen, wie stark man auf die Hilfe Frankreichs setzten konnte und inwiefern es ratsam war, gegenüber dem »Dritten Reich« eine eigenständige Politik zu betreiben.

Die Sondierungen zeigten, daß Frankreich eine passive Haltung einnehmen würde, obwohl es, wie andere europäische Staaten auch, gewillt war, das nationalsozialistische Deutschland politisch zu isolieren. An die Beständigkeit dieser Linie glaubte in Warschau niemand. Die Politiker des Sanacja-Regimes entschlossen sich, die möglicherweise nur kurz anhaltende Schwäche des Deutschen Reiches auf internationaler Ebene zu nutzen, um die polnischen Interessen zu sichern. Die Verhandlungen mit der Regierung Hitler führten Anfang 1934 zur Unterzeichnung eines Nichtangriffspaktes.

Während der vorangegangenen 14 Jahre hatte das Deutsche Reich Polen stets als seinen Hauptgegner betrachtet, hatte gedroht und Druck ausgeübt, territoriale Forderungen gestellt und wegen der Behandlung der deutschen Minderheit Klage geführt. In den ersten Jahren unter Hitlers Herrschaft verzichtete die deutsche Politik und Propaganda plötzlich auf aggressive Töne gegenüber Polen. Piłsudski selbst gab sich jedoch keinen Illusionen hin. In einem Gespräch mit seinen engsten Mitarbeitern schätzte er, daß Polen lediglich fünf Jahre Ruhe gewonnen habe. Die Geschichte sollte zeigen, wie recht er damit hatte.

Trotz einer Verbesserung der wirtschaftlichen Lage seit 1934, die übrigens europaweit zu beobachten war, kam die politische Stabilisierung Polens zu Beginn der zweiten Hälfte der dreißiger Jahre ins Stocken. Hierfür waren typische strukturelle Defizite einer jeden Diktatur verantwortlich, insbesondere ihr Unvermögen, einen Führungswechsel konfliktfrei zu vollziehen. In allen Diktaturen kommt der Figur des Anführers eine Schlüsselrolle zu. Der Tod Piłsudskis hinterließ eine Lücke, die keiner seiner Mitarbeiter schließen konnte; keiner verfügte über eine ähnliche Popularität, Autorität oder ein vergleichbares Charisma. Dies führte zu Streitigkeiten um seine Nachfolge und zu einem Ansehensverslust der Regierung in weiten Teilen der Bevölkerung.

Auch die allgemeine europäische Lage verschlechterte sich. Deutschland begann seine Expansionspolitik damit, daß es zunächst die Rüstungsbeschränkungen des Versailler Vertrages außer Kraft setzte. Solange sich Deutschland an die Beschränkungen gebunden gefühlt hatte – auch wenn es schon früher heimlich zu Verstößen gekommen war –, konnte die polnische Armee den deutschen Truppen im Falle eines Konfliktes immerhin Paroli bieten. Doch durch die Remilitarisierung des »Dritten Reiches« veränderte sich dieses Kräfteverhältnis grundlegend.

Die Außen- und Innenpolitik der europäischen Staaten unterlag einer fortschreitenden Brutalisierung. Auf internationaler Ebene zeigte sich dies bei den Angriffskriegen, die außerhalb Europas geführt worden, zum Beispiel dem Überfall Italiens auf Äthiopien. Die öffentliche Meinung reagierte damals noch mit Empörung auf diese Aggression, und der Völkerbund verhängte Sanktionen. 1936 brach der Bürgerkrieg in Spanien aus, der gleichsam zum ideologisch-militärischen Versuchsfeld für die Länder mit totalitären Regimen wurde: Italien und Deutschland einerseits und die Sowjetunion andererseits entsandten Hilfstruppen. Erst 1938 rückten die Ereignisse näher an Polen heran, als das »Dritte Reich« im März Österreich annektierte und Ende September die Tschechoslowakei zwang, auf das Sudetengebiet verzichten, nachdem Frankreich und Großbritannien auf der Münchner Konferenz hierzu ihr Einverständnis gegeben hatten.

Auch die polnische Außenpolitik wurde immer brutaler. Die Westmächte hofften, Hitler durch Zugeständnisse zur Friedenswahrung bewegen zu können, und nach dem »Anschluß« Österreichs versuchte Polen, das sich immer stärker bedroht fühlte, seine Kraft unter Beweis zu stellen. Mit einem Ultimatum, das eine Kriegsandrohung enthielt, zwang es das kleine Litauen zur Aufnahme diplomatischer Beziehungen und dazu, die Zugehörigkeit Wilnas zu Polen de facto anzuerkennen. Als Deutschland das Sudetengebiet annektierte, marschierten polnische Truppen in den tschechischen Teil des Teschener Schlesiens ein, der seit Beginn der Zwischenkriegszeit umstritten war, ohne auf Widerstand zu treffen. Diese Vorgehensweise erinnert eher an Verhaltensmuster aus dem Tierreich als an eine ausgewogene Politik: Auf eine drohende Gefahr reagiert der Schwächere mit Zähnefletschen und Gebrüll.

In noch höherem Maße unterlag das innere, politisch-gesellschaftliche Leben Polens einer Brutalisierung. Die politische Propaganda wurde zunehmend aggressiver, und die politischen Parteien bildeten Schlägertrupps. Nicht nur die extremistischen Parteien griffen zur Gewalt, sondern auch die wichtigste nationalistische Gruppierung, die Nationaldemokratie, und selbst die Sozialisten, die demokratische Losungen verkündeten. Immer häufiger kam es zu Auseinandersetzungen zwischen Leuten, die mit Knüppeln, Schlagringen und manchmal auch Feuerwaffen ausgerüstet waren. Die Gewalt der Nationalisten richtete sich vor allem gegen Juden.

In dem Maße, wie ein Kriegsausbruch immer wahrscheinlicher wurde, intensivierten sich innerhalb der deutschen (und ukrainischen) Minderheit die Vorbereitungen auf einen Kampf mit dem polnischen Staat. Die in Polen lebenden Deutschen standen zum allergrößten Teil unter nationalsozialistischem Einfluß. Hierzu hatten die außenpolitischen Erfolge des »Dritten Reiches« ebenso beigetragen wie die rasche Besserung seiner wirtschaftlichen Lage. Deutschland wirkte auch auf die ukrainische Minderheit ein, in der nationalistische, antipolnische und antisemitische Stimmungen immer stärker wurden.

Sowohl die Nachgiebigkeit Westeuropas gegenüber Hitler als auch die Zurschaustellung polnischer Stärke erwies sich als Sackgasse. So nahmen im März 1939 die Dinge ihren Lauf: Der noch verbliebene Rest Tschechiens wurde zum deutschen Protektorat. Der neugegründete slowakische Staat besaß de facto den gleichen Status. Polen wurde vom Westen, Süden und Norden her eingekreist. Nach der Zerschlagung der Tschechoslowakei erhob das »Dritte Reich« nachdrückliche Forderungen gegenüber Polen: Die Freie Stadt Danzig sollte aufgegeben werden, und die Verkehrswege, die durch den sogenannten »Korridor« zur ostpreußischen Enklave führten, sollten einen extraterritorialen Status erhalten.

Diese Forderungen mochten nicht allzu weitreichend erscheinen, aber nach den Erfahrungen mit der Tschechoslowakei lag es nahe, den Vorschlag abzulehnen. Die deutschen Forderungen zeigten, daß die äußere Expansion ein Grundzug nationalsozialistischer Politik war und Zugeständnisse lediglich einen Anreiz boten, weitere Ansprüche zu stellen. Nicht nur auf die polnische Politik wirkte dies ernüchternd, sondern auch auf die britische und französische. Ende März 1939 erteilte Großbritannien Polen eine Beistandsgarantie für den Fall eines deutschen Angriffs, und Frankreich signalisierte, daß es seiner Bündnispflicht nachkommen werde.

In Europa rückte der Krieg immer näher. Im April 1939 kündigte Deutschland den Nichtangriffspakt mit Polen auf. Zwischen Großbritannien und Frankreich einerseits und der Sowjetunion andererseits fanden Gespräche statt. Die Sowjets rechneten nicht ernsthaft mit einem Erfolg. Sie forderten freies Durchmarschrecht durch Polen und die baltischen Länder, auch dann, wenn die betroffenen Regierungen sie nicht dazu aufforderten. Spätere Erfahrungen haben deutlich gezeigt, daß überall dort, wo ein Soldat der Roten Armee seinen Fuß hinsetzte, die Sowjetisierung des Landes auf selbigem folgte. Außerdem gab es noch ein weiteres Signal, das aber kaum Beachtung fand: Auf einem Parteitag der KPdSU forderte Stalin Deutschland auf, die Verständigung mit der UdSSR zu suchen.

Am 23. August 1939 unterzeichneten die Außenminister Ribbentrop und Molotow in Moskau einen deutsch-sowjetischen Nichtangriffsvertrag, der als Hitler-Stalin-Pakt bekannt geworden ist. Das war der politische Anfang des Zweiten Weltkrieges. Das geheime Zusatzprotokoll legte die Einflußsphären auf dem Gebiet zwischen beiden Mächten fest. Polen sollte geteilt werden, sein Territorium bis zur Weichsel der Sowjetunion zufallen. Polens Schicksal in der ersten Phase des bevorstehenden Krieges war besiegelt. Von fast allen Seiten eingekreist, hatte es gegen eine zahlenmäßig und im Falle Deutschlands auch technisch erdrückende Übermacht keine Chance. Mehr noch: Der Pakt entschied über das Schicksal ganz Europas. Es sollte ein vom Krieg heimgesuchter Kontinent werden.

In späteren Jahren wurde diskutiert, ob es für Polen nicht vernünftiger gewesen wäre, sich Deutschland unterzuordnen. Für jeden, der auch heute noch den möglichen Sieg Hitlers und seine Herrschaft über Europa für inakzeptabel hält, existiert nur eine Antwort. Nachzugeben hätte Polen auf die Rolle eines deutschen Satelliten reduziert. Für den Krieg aber, den das »Dritte Reich« vom Zaun brach, und für die schrecklichen Verbrechen, die es danach beging, darunter der Holocaust, wäre Polen dann mitverantwortlich geworden.

Polens Lage im Europa des Jahres 1939 war verzweifelt, aber es gab keinen anderen Ausweg, als den Forderungen des »Dritten Reiches« Widerstand zu leisten, selbst um den hohen Preis, der hierfür zu zahlen war – ungeheure Menschenverluste und Zerstörungen im Lande. Man kann es auch anders formulieren: In Europa, wie es in der Zwischenkriegszeit existierte, gab es für Polen keinen gesicherten Platz. Der rasende Nationalismus und Rassismus der Deutschen einerseits und der mit seiner Klassenideologie und russischem Nationalismus unterfütterte sowjetische Expansionsdrang andererseits ließen es nicht zu, daß Polen seine Unabhängigkeit bewahrte – der Staat eines Volkes, das zwar recht groß, aber im Hinblick auf seine zahlenmäßige, militärische und wirtschaftliche Stärke den mächtigen und hungrigen Nachbarn nicht gewachsen war.

Der Krieg, der am 1. September 1939 begann, trug zunächst einen nationalen Charakter. So zumindest behandelte ihn das »Dritte Reich«, das in seiner Propaganda die Notwendigkeit betonte, die deutsche Minderheit in Polen zu schützen, und von der Gefahr sprach, die die polnische Politik für die nationalen Interessen Deutschlands darstelle. Polen stellte den Krieg auf ähnliche Weise dar und scheute in seinen Verlautbarungen nicht davor zurück, auf die Formel von Deutschland als dem ewigen Feind des polnischen Volkes zurückzugreifen.

Die sowjetische Propaganda bezeichnete den Einmarsch der Roten Armee in Polen am 17. September 1939 als Aktion zur nationalen Befreiung der Ukrainer und Weißrussen, die nach 1918 unter einer Fremdherrschaft gelebt hätten. Außerdem diene er dem Anschluß der Westukraine und des westlichen Weißrusslands an ihre Heimatländer, die Sowjetrepubliken waren. Dabei störte es Stalin nicht, daß zum erweiterten Weißrussland nun auch Gebiete gehörten, in denen mehrheitlich Polen lebten. Neben diesen nationalen Argumenten bemühten die Sowjets auch eine klassenkämpferische, internationalistische Rhetorik, die den zur Zarenzeit propagierten großrussischen oder panslawischen Ideen zuweilen sehr ähnlich war.

Auf deutscher Seite zeigte sich schnell, daß Nationalismus und Rassismus Hand in Hand mit der Vision eines künftigen Europas gingen, in dessen Zentrum das Deutsche Reich lag. Zu seinem näheren Umkreis hätten dann jene Länder gehört, in denen andere »germanische« Völker lebten. Die weitere Peripherie hingegen wäre aus Ländern gebildet worden, die nach Ansicht der Nationalsozialisten ethnisch weniger »wertvolle« Menschen beherbergten, darunter auch die slawischen »Untermenschen«. Eine gesonderte Kategorie stellte der »jüdische Feind« dar, der entmenschlicht werden sollte und zur schnellen Vernichtung vorgesehen war.

Erst nach seiner Niederlage im Septemberfeldzug 1939 gelang es Polen, eine universellere Legitimation für seinen Kampf zu finden. Denn auch hier hatte bei Kriegsausbruch eine diktatorische Regierung geherrscht, wenngleich das polnische Regime bei weitem nicht so schlimm war wie die Nationalsozialisten. Von einer Verteidigung der europäischen Demokratie konnte also zunächst nur bei den polnischen Verbündeten Frankreich und Großbritannien die Rede sein, die drei Tage nach Hitlers Angriff auf Polen Deutschland ihrerseits den Krieg erklärt hatten.

Als sich im Exil eine neue polnische Regierung konstituierte, in der die Vertreter demokratischer Parteien den Ton angaben, konnte sich auch Polen der Allianz zur Wiederherstellung der europäischen Demokratien anschließen. Der Sieg der Demokratie über Tyrannei und Diktatur wurde – neben der Verteidigung der nationalen Unabhängigkeit und der Freiheit des Menschen – zum Ziel dieses Kampfes erklärt. Der Krieg wurde europäisch, vielleicht auch ein universaler Weltkrieg, aber er hörte nicht auf, ein nationaler Kampf zu sein. Hierin bestand kein Widerspruch. Die Freiheit Europas, die Freiheit Polens und die Freiheit des Menschen waren als Werte, die mit der Demokratie einhergingen, anerkannt.

Obwohl sich weder Polen noch seine westeuropäischen Verbündeten mit der Sowjetunion im Krieg befanden, richtete sich die Idee einer Verteidigung von Demokratie und Freiheit auch gegen diesen Staat. Die deutsch-sowjetische Zusammenarbeit und der Umstand, daß beide Großmächte ihre Expansionspläne miteinander abgestimmt hatten, war den Gegner Deutschlands nicht verborgen geblieben. In diesem Zusammenhang ist auch die (eher beabsichtigte als tatsächliche) Unterstützung Finnlands zu sehen, das im Winter 1939 von der Sowjetunion angegriffen wurde.

Dies hieß aber noch lange nicht, daß sämtliche Gruppierungen in Polen einen Zusammenhang zwischen dem Kampf um nationale Freiheit und dem Kampf um Demokratie und Menschenrechte sahen. Zwar protestierte man im Allgemeinen nicht gegen eine Verbindung dieser Ziele, doch vertraten viele Gruppen eigene Programme, denen demokratisches Ideengut mitunter sehr fremd war. Die Nationalisten beeinflussten weiterhin ziemlich stark das Denken breiter Bevölkerungsmassen. Weder gaben sie ihre xenophobe Haltung auf, für die Kriege generell ein guter Nährboden sind, noch ließen sie von ihrer alten Idee ab, daß demokratische Freiheiten und individuelle Rechte auf dem Altar der Nation zu opfern seien, die einer strengen Disziplin unterworfen und hierarchisch geordnet zu sein habe.

Der Antisemitismus unter der deutschen Okkupation eher nachließ. Die Besatzer behandelten die Polen zwar brutal, aber nicht so schlimm wie die Juden. Der jüdischen Frage in Polen wird später in einem eigenen Abschnitt behandelt. Bei den Polen indes, die sich nun unter sowjetischer

Herrschaft wiederfanden, verstärkten sich nationalistische Tendenzen deutlich. Vom höchsten gesellschaftlichen Rang sind Polen plötzlich auf den niedrigsten herabgestuft worden und unterlagen zahlreichen Repressionen. Unter den örtlichen Kadern, die für die Zusammenarbeit mit den sowjetischen Behörden rekrutiert wurden, waren nur die wenigsten Polen. Dieser Befund entsprach, nebenbei gesagt, dem kommunistischen Einfluß auf die Volksgruppen dieser Gebiete; bei Weißrussen und jüdischen Jugendlichen, die mit ihrer religiösen Tradition gebrochen hatten, war er am stärksten, bei Ukrainern weniger stark ausgeprägt und bei Polen am schwächsten. Die polnische Bevölkerung mit ihren antisemitischen Ressentiments mochte sich nicht damit abfinden, daß Juden eine bedeutende Rolle im neuen Machtapparat spielten, selbst wenn es keine dominierende war. Einige von der Sowjetunion annektierte Gebiete gehörten vor dem Krieg zu den Hochburgen der nationalistischen und antisemitischen Bewegung in Polen.

Die deutsche wie auch die sowjetische Okkupation erzeugte Verhaltensweisen, deren Brutalität alles übertraf, was man bisher aus dem politischen und gesellschaftlichen Leben Polens und Europas kannte. Trotz wachsender Gewalt in den Vorkriegsjahren war es bis dahin undenkbar gewesen, Kinder anzugreifen, ihre Mütter, alte Menschen, Kranke und sogar ganze Bevölkerungsgruppen vollständig zu ermorden. Solche Vorgehensweisen lagen außerhalb des zivilisatorischen Normenkanons, der bislang in Europa gegolten hatte.

Die Besatzer gingen mit schlechtem Beispiel voran. Die Deutschen brachten häufig den Grundsatz der kollektiven Verantwortung zur Anwendung und erschossen für kleinere Verfehlungen ganze Gruppen von Polen und Juden. Das äußere Vorgehen des sowjetischen Staatsapparates war ähnlich, wenn auch die Grundsätze, nach denen getötet wurde, anders waren. Es gab Massenfestnahmen, Deportationen in Arbeitslager und mitunter Erschießungen, vor allem von Männern. Familien wurden in geschlossene Güterwagons gepfercht und auf langen Reisen nach Sibirien oder in die Steppen Kasachstans verbracht. Es kursierten Berichte über Erfrierungen auf den Transporten, über Hunger, Krankheit und eine extrem hohe Sterblichkeit in der Verbannung.

Das deutsche wie das sowjetische Okkupationsregime lehrte, daß ein Menschenleben nichts zählte; daß Nächstenliebe und Achtung vor der menschlichen Existenz wertlose Phrasen waren. Das hatte besondere Auswirkungen auf das Verhältnis zu »den anderen«, die aufgrund ihrer »Rasse«, Nation, Klassenangehörigkeit oder politischen Meinung als »fremd« angesehen wurden. Ein erheblicher Teil der polnischen Bevölkerung lehnte diesen Werteverfall ab, sei es aufgrund eines allgemeinmenschlichen, humanistischen Geistes, in dem die gebildeteren Schichten erzogen worden waren, oder aber aufgrund einer christlichen Haltung, die für breite Schichten noch immer verbindlich war.

Doch es gab auch viele Polen, die das rohe Verhalten der Besatzer übernahmen, ähnlich wie andere ethnische Gruppen im Osten. Dies zeigte sich bei der massenhaften Ermordung von Juden im Sommer 1941, an der Polen aktiv mitwirkten; auf ihrem Weg nach Osten bemächtigten sich die deutschen Truppen damals auch solcher Gebiete, die zuvor der Sowjetunion angeschlossen waren. Die »Entmenschlichung« der Juden in den folgenden Jahren sowie die Neigung, ihre Vernichtung zum eigenen materiellen Vorteil auszunutzen, waren zwar das Ergebnis einer Atmosphäre, die von den deutschen Besatzern geschaffen worden war, aber auch Zeichen eines moralischen Verfalls.

In den Gebieten, die mehrheitlich von Ukrainern bewohnt waren, doch vor 1939 zu Polen gehört hatten, gab es während der deutschen Besatzung »ethnische Säuberungen«, die durchaus vergleichbar waren mit dem, was später in Jugoslawien passierte. Die Säuberungen wurden von nationalistischen ukrainischen Organisationen initiiert, die in einigen wolhynischen Dörfern Polen niedermetzelten, ohne auf Alter und Geschlecht zu achten. Jene, die am Leben blieben, zwang man zur Flucht. Mit Vergeltungsschlägen rächten sich polnische Partisanen nicht weniger grausam. Die deutschen Okkupanten reagierten auf diese Vorgänge meist überhaupt nicht und betrachteten sie als vorteilhaft für sich selbst.

Die Brutalisierung der zwischenmenschlichen Beziehungen in Europa während des Zweiten Weltkriegs stellte ein verbreitetes Phänomen dar. Es ist kaum möglich zu beurteilen, ob in Polen ein durchschnittlich höheres Gewaltniveau erreicht wurde als in anderen Ländern. Überhaupt ist es schwierig, Indikatoren zu finden, die das Ausmaß der Brutalisierung bestimmbar machen. Wie brutal es in Gesellschaften zuging, die unter Druck standen, hing in hohem Maße von den Methoden ab, mit welchen man den Menschen begegnete, die diesem Druck ausgesetzt waren. In Polen waren diese Methoden besonders repressiv, vor allem wenn man sie mit denen im westlichen und nördlichen Europa vergleicht.

In den Teilen des Kontinents, die von den Deutschen und Sowjets besetzt worden waren (zunächst vor 1941, dann wieder gegen Ende des Krieges), aber auch in Deutschland selbst und den Staaten, die es bekämpften, mußten die Menschen außerordentlich großes Leid ertragen. Am schlimmsten traf es die Juden, doch in größerem oder kleinerem Maße auch alle Nationen Europas. In diesen Ländern ist die Erinnerung an den Krieg noch immer lebendig, wobei der Kampf und seine Erfolge zuweilen stärker akzentuiert werden als die Opfer oder das Leid, das man anderen zufügte. Stalingrad, Monte Cassino und die Normandie sind Symbole des Sieges – eine andere Bedeutung haben hingegen Auschwitz und der Holocaust. In dieser Hinsicht unterscheiden sich vor allem zwei Erinnerungskulturen vom allgemeinen europäischen Gedächtnis: zum einen die jüdische, wegen der Zahl der erlittenen Opfer und der beispiellosen Mordindustrie, die Millionen der jüdischen Bevölkerung Europas ausgelöscht hat; zum anderen die deutsche, wegen der Leiden, die anderen, vor allem Juden, von Deutschen zugefügt wurden.

Die polnische Kriegserinnerungslandschaft ist recht kompliziert. Dafür sind sowohl die Indoktrinierung während der Zeit des Kommunismus, die frühere Abhängigkeit von der Sowjetunion und nicht weniger die Reaktionen, die beides später hervorrief, verantwortlich. Einen wichtigen Platz nimmt die Erinnerung an Kämpfe und die Aktivitäten des politisch-militärischen Untergrundes ein, vor allem der polnischen Heimatarmee, und ganz besonders die Erinnerung an den Warschauer Aufstand von 1944, der mit einer Niederlage endete.

Mit der westeuropäischen Erinnerung verbindet sich die Beteiligung polnischer Flieger an der Luftschlacht um England 1940 und die Rolle polnischer Soldaten bei der Eroberung von Monte Cassino 1944, manchmal auch die polnische Teilnahme an der Schlacht um Narvik 1940 oder an der Invasion in der Normandie 1944. Eine ungleich geringere Bedeutung besitzen heute all jene Erinnerungselemente, die in der Zeit des Kommunismus das polnische Gedächtnis mit dem der sowjetischen Völker verbanden: von den Kämpfen an der Ostfront bis hin zum polnischen Anteil an der Eroberung Berlins. Vereinfachend könnte man sagen, daß die Erinnerung an den bewaffneten Kampf die Polen in ihrem nationalen Empfinden eher mit West- als mit Osteuropa verbindet.

Gibt es spezielle polnische Merkmale des Erinnerns an die Leiden des Zweiten Weltkrieges? Zweifelsohne ja, wenngleich sich diese Merkmale nicht so dramatisch vom Gedächtnis anderer europäischer Nationen abheben wie die jüdische und die deutsche Erinnerung. Einen besonderen Charakter besitzt jedoch die Wahrnehmung der Leidensurheber. Im allergrößten Teil Europas waren dies die Deutschen, ihre Verbündeten und Kollaborateure. In allen Gebieten aber, die während des Krieges von der Sowjetunion annektiert wurden, gelten vor allem ihre Funktionäre als Verantwortliche für unzählige Leiden.

In Polen dagegen existiert, seit der Kommunismus gestürzt und das Siegel des Schweigens gebrochen ist, eine annähernd ausgeglichene Erinnerungskultur an die Schrecken, die den Menschen von beiden Seiten zugefügt wurden. Die Lager in Auschwitz und in Kolyma, die massenhafte Ermordung von Zivilisten während des Warschauer Aufstandes 1944 und die Erschießung polnischer Offiziere in Katyń – sie wurden gleichermaßen zu Symbolen inhumaner Herrschaft.

Für das polnische Gedächtnis ist die Überzeugung kennzeichnend, daß die Polen keine Verantwortung für das Leiden anderer Nationen traf. Das Hauptargument dabei lautet: Im besetzten Polen gab es keine Institution, die mit den deutschen Okkupanten kollaborierte. In den Gebieten hingegen, die an die Sowjetunion fielen, wurden sogar polnische Kommunisten häufig Opfer von Repressionen, und nur wenige von ihnen schlossen sich dem sowjetischen Unterdrückungsapparat an. Dabei ist es unerheblich, daß das geringe Ausmaß der Kollaboration beziehungsweise die Nicht-Kollaboration zu großen Teilen auf das Desinteresse der Okkupanten zurückging. Polen war das einzige Land, in dem die Deutschen keine politischen Institutionen schaffen wollten und sich mit Informanten begnügten, die bezahlt oder mit erpresserischen Mitteln zur Zusammenarbeit genötigt wurden. In einem deutschen, nationalsozialistischen Europa war kein Platz für Polen. Auf polnischem Gebiet wurden alle höheren und mittleren Schulen geschlossen. Das war einzigartig im deutschen Machtbereich. Die Polen sollten auf längere Sicht zu einem Reservoir von Arbeitskräften degradiert werden, um deutschen »Herren« zu dienen.

Zumindest sah es so aus, als stünde ein Platz Polens in dem künftigen Europa, das nach einem Sieg über Deutschland und seine Verbündete entworfen würde, nicht zur Diskussion. In der polnischen Emigration in Großbritannien zog man bis zum Kriegseintritt der Sowjetunion im Juni 1941 sogar in Erwägung, wieder einen mitteleuropäischen Sicherheitskordon einzurichten. Sein Ausgangspunkt sollte eine polnisch-tschechoslowakische Föderation werden, aber auf längere Sicht war auch an eine engere Zusammenarbeit mit anderen Staaten gedacht.

Doch bis zum Beginn des Sommers 1941 waren Überlegungen dieser Art reine Zukunftsmusik – wenn überhaupt. Fast der gesamte Kontinent ächzte sich unter dem deutschen Joch, und das auf sich allein gestellte Großbritannien richtete seine Kräfte zunächst mehr darauf durchzuhalten, als einen baldigen Sieg zu erringen. Der Kriegseintritt der Sowjetunion veränderte die Lage. Trotz anfänglicher Niederlagen der Roten Armee, schien ein Sieg im Winter 1941/42 näher zu rücken, insbesondere nachdem auch die USA aktiv in das Geschehen eingriffen.

Die Beteiligung der Sowjetunion an der Anti-Hitler-Koalition hat die Position Polens und seine Aussichten auf einen Platz im künftigen Europa erheblich verkompliziert. Die angelsächsischen Mächte waren bereit, alles zu tun, was die sowjetischen Kriegsanstrengungen verstärkte. Sie wollten jedoch nicht auf das ideologische Fundament verzichten, das ihrem Krieg gegen Hitler Rückhalt gab. Also wurde die Sowjetunion zu einem demokratischen Staat erklärt. Zwar erkannte man in Moskau erneut die Existenz Polens an, doch mußte die polnische Exilregierung einwilligen, die Frage des künftigen sowjetisch-polnischen Grenzverlaufs nicht anzusprechen.

In dem Maße, wie sich die Chancen auf einen siegreichen Ausgang des Krieges verbesserten, stieg auch der sowjetische Druck auf Polen. Mitarbeiter der polnischen Botschaft wurden inhaftiert, und Anfang 1943 ließ die sowjetische Regierung alle Bewohner der Gebiete, die 1939 von der UdSSR annektiert worden waren, zu Sowjetbürgern erklären, womit sie der späteren Grenzziehung vorgriff. Zu Beginn des Jahres 1943 entschied man in Moskau, geeignete Vorkehrungen zu treffen, um sich Polen nach dem Krieg unterordnen zu können. So entstand der von Kommunisten gesteuerte »Bund Polnischer Patrioten«, und es wurde damit begonnen, polnische Armeeverbände unter sowjetischem Oberkommando aufzustellen.

Im April 1943 gaben die Deutschen offiziell bekannt, bei Katyń in der Gegend von Smolensk Massengräber mit polnischen Offizieren entdeckt zu haben, die 1939 in Gefangenschaft geraten waren. Deutschland machte die Sowjetunion für das Verbrechen verantwortlich, und auch alle Spuren deuteten darauf hin. Von den Gefangenen hatte man seit 1940 nichts mehr gehört. Die polnische Exilregierung konnte in dieser Situation nicht untätig bleiben. Sie vermied es jedoch, öffentliche Anklagen zu erheben und wandte sich statt dessen an das Internationale Rote Kreuz mit der Bitte, die Angelegenheit zu untersuchen. In Moskau betrachtete man dies als einen willkommenen Anlass, um sich Polen im Zuge der Festlegung einer künftigen europäischen Ordnung gefügig zu machen. Die Sowjetunion brach ihre diplomatischen Beziehungen zur polnischen Exilregierung in London ab und eröffnete sich so die Möglichkeit, bei Bedarf eigene polnische Institutionen zu schaffen, die von ihr abhängig wären.

Auf der Teheran-Konferenz, Ende 1943, erklärten sich Roosevelt und Churchill gegenüber Stalin einverstanden, die Grenze der Sowjetunion den Annexionen von 1939 entsprechend auf Kosten Polens nach Westen zu verschieben. Die polnische Westgrenze wiederum sollte an der Oder liegen. Das Europa der Nachkriegszeit wurde von den Großmächten geplant, ihre Entscheidungen aber waren vertraulich, selbst der polnische Bündnispartner erhielt keinerlei Informationen. Anders als beim Entwurf der Versailler Nachkriegsordnung, wurden wichtige Entscheidungen nun bereits im Vorfeld eines Sieges getroffen.

Anfang 1944 rückte die Rote Armee in Gebiete vor, die 1939 schon einmal der Sowjetunion angeschlossen worden waren. Im Juli unterstützten Verbände der polnischen Heimatarmee, die der Exilregierung in London unterstanden, die sowjetischen Truppen bei den Kämpfen um Wilna und Lemberg. Doch nach dem erfolgreichen Abschluß der gemeinsamen Aktion wurden die polnischen Soldaten entwaffnet und in Lagern interniert.

Die Beschlüsse von Teheran waren für Polens Grenzen vorentscheidend, nicht aber für die staatliche Zukunft des Landes. Für diese war der weitere Kriegsverlauf bestimmend. Welchen Platz die Sowjets Polen im künftigen Europa zugedachten, offenbarte sich in der zweiten Julihälfte 1944. Damals entstand das Polnische Komitee der Nationalen Befreiung (PKWN), in dem die Kommunisten den Ton angaben und das vollständig von der Sowjetunion abhängig war. Der Name war nicht zufällig gewählt, sondern analog zu französischen und jugoslawischen Institutionen, die die Funktion provisorischer Regierungen erfüllten.

Günstige Rahmenbedingungen, um die Abhängigkeit Polens von der Sowjetunion zu zementieren, schuf der Ausbruch des zweimonatigen, gegen die Deutschen gerichteten Aufstands der polnischen Heimatarmee in Warschau am 1. August 1944. Die Anderthalb-Millionen-Stadt war ein Zentrum des geheimen politischen und militärischen Widerstands. Die sowjetischen Truppen kamen dem Aufstand nicht zu Hilfe, und lange Zeit wurde den alliierten Flugzeugen, die in Italien gestartet waren, um die Aufständischen zu unterstützen, die Landung auf sowjetischen Flugplätzen verweigert. Die Niederlage der Aufständischen, die Zerstörung der Stadt und eine ungeheure Schwächung der polnischen Widerstandsbewegung halfen Stalin, seine eigenen Pläne zu verwirklichen. Und die Sowjetunion weigerte sich fortan, unabhängige polnische Institutionen in Exil und Untergrund als Verbündete im Kampf gegen Deutschland zu betrachten.

Um keinen Zweifel daran zu lassen, wie Polens Zukunft aussehen sollte, wurde das Polnische Komitee der Nationalen Befreiung am 31. Dezember 1944 in eine Provisorische Regierung umgewandelt. Die angelsächsischen Bündnispartner erkannten zwar formal weiterhin nur die Londoner Exilregierung an. Letztlich akzeptierten sie jedoch den Entschluß und ließen der Sowjetunion in der polnischen Frage mehr oder weniger freie Hand. Im Februar 1945 vereinbarten Roosevelt, Churchill und Stalin in Jalta, daß die Sowjetunion den größten Teil der polnischen Gebiete, die sie im September 1939 annektiert hatte, behalten werde. Außerdem sollte eine polnische »Regierung der nationalen Einheit« gebildet werden – wozu man die bisherige Provisorische Regierung um demokratische Politiker erweitern wollte, die entweder ins westliche Exil gegangen oder in Polen geblieben waren. In dem Kabinett, das Ende Juni gebildet wurde, saßen überwiegend Kommunisten und deren Verbündete. Trotzdem erkannten es die Vereinigten Staaten und Großbritannien fast augenblicklich an.

Die Beschlüsse von Jalta schienen den polnischen Interessen in zwei Punkten gemäß zu verlaufen: Zum einen sollten möglichst rasch freie Wahlen abgehalten werden, obwohl kein konkreter Termin festgelegt wurde. Zum anderen sollte Polen als Ausgleich für verlorene Gebiete im Osten, wo einige Millionen polnischer Staatsbürger gelebt hatten, im Westen und Norden auf Kosten Deutschlands entschädigt werden.

Das Bindemittel, das die Kriegsallianz der Großmächte zusammenhielt, war natürlich die deutsche Frage, die gemeinsame Verwaltung des besetzten Landes. Großbritannien und USA stimmten einer Verschiebung der polnischen Grenzen nach Westen zu, denn allzu umfangreiche Territorialverluste des polnischen Bündnispartners, der immerhin als erster von Hitler angegriffen worden war und den ganzen Krieg über einen verlustreichen, bewaffneten Kampf gegen Deutschland geführt hatte, wären einem offenen Verrat gleichgekommen. Trotz gewisser Bedenken billigten die angelsächsischen Staaten daher Anfang August 1945 die faktische Vorverlegung der polnischen Westgrenze bis an die Oder und Lausitzer Neiße.

Die Behauptung, sie hätten dies noch nicht als endgültige Entscheidung angesehen, gehört zweifellos ins Reich der Legenden. Auf der Konferenz von Potsdam vereinbarten die Führer der drei Großmächte, daß die deutsche Bevölkerung aus diesen Gebieten entfernt werden solle, und es ist nur schwer vorstellbar, daß den Staatsmännern dabei eine Völkerwanderung nach Westen und wieder zurück vorschwebte.

Ob die Westmächte wohl tatsächlich damit rechneten, daß es in Polen zu demokratischen Wahlen kommen würde? Es gibt da erhebliche Zweifel. Schließlich dürfte allen Beteiligten klar gewesen sein, daß die Mehrheit der Polen nicht von Kommunisten regiert werden wollte und die faktische Errichtung eines sowjetischen Protektorats ablehnte. In London und Washington hat man sich möglicherweise vorgestellt, die kriegsbedingte Zusammenarbeit mit der Sowjetunion fortsetzten zu können. Moskau würde sich, so hoffte man, auf die Kontrolle der polnischen Außenpolitik und die Beseitigung aller politischen Kräfte beschränken, die der Sowjetunion feindlich gesinnt waren. Die westliche Vision der Nachkriegszeit sah vor, daß die ehemaligen Kriegsalliierten *grosso modo* einmütig über das Schicksal Europas entscheiden sollten und daß der Kontinent zwar in Einflußsphären, aber nicht in Bereiche absoluter Verfügungsgewalt unterteilt wird.

Doch die Hoffnungen der Westmächte erwiesen sich als unrealistisch. Die Lage nahm eine paradoxe Entwicklung: Der Krieg hatte mit dem deutschen Angriff auf das unabhängige Polen und dessen Unterstützung durch Großbritannien und Frankreich begonnen. Aber im Ergebnis dieses Krieges, der mit dem Sieg über Deutschland endete, verlor Polen seine Unabhängigkeit erneut – diesmal zugunsten der Sowjetunion. Diese Konsequenz stand in einem krassen Gegensatz zu den erklärten Kriegszielen der Alliierten und ihrer Vision des künftigen Europa. Denn laut der Atlantikcharta, die von Großbritannien und den Vereinigten Staaten im August 1941 unterzeichnet worden war, achteten beide Staaten »das Recht sämtlicher Völker, sich jene Regierungsform zu wählen, unter der sie leben wollen«. Auch die Sowjetunion hatte die Charta als Programm anerkannt.

Angeblich hat Charles de Gaulle einmal gesagt, daß er Deutschland so sehr liebe, daß er am liebsten zwei davon habe. Es wäre jedoch unbillig, Stalin ähnliche Gedanke zu unterstellen, so daß er Europa nur allzu gern in zwei Hälften teilen wollte. Hätte er die Möglichkeit dazu gehabt, dann hätte er zweifellos den ganzen Kontinent unter seine Herrschaft gezwungen. Da ihm hierzu aber die erforderlichen Kräfte fehlten, begnügte er sich eben mit dem östlichen Teil.

Nach dem Ende des Zweiten Weltkrieges wurde Polen dem sowjetischen Herrschaftsbereich überlassen. Welche Länder gehörten außerdem noch dazu? Der östliche Teil Deutschlands, Ungarn, Rumänien und Bulgarien, die den Krieg verloren hatten; von der Roten Armee erobert, befanden sie sich unter sowjetischer Okkupation. In Jugoslawien war es den Kommunisten aus eigener Kraft gelungen, die Macht zu übernehmen. Und schließlich die Tschechoslowakei: Sie entschied sich, im sowjetischen Machtbereich zu bleiben, einem geopolitischen Kalkül folgend – der Einfluß der Kommunisten hier war groß, Rußlandfreundlichkeit hatte Tradition, und selbstverständlich waren sowjetische Truppen anfangs überall im Land präsent.

Nur wenig davon traf auf Polen zu, lediglich die Anwesenheit der Roten Armee und im gewissen Maße auch die geopolitische Lage, die es notwendig gemacht hatte, sich zwischen Rußland und Deutschland zu entscheiden. Im Krieg hatte Polen von Anfang an auf Seiten der Koalition gegen Deutschland gekämpft. Die kommunistische Partei war schwach und nur von marginaler Bedeutung. Mehr als ein Jahrhundert lang hat Rußland Polen unterdrückt, um dann, nach der Wiedererlangung der Unabhängigkeit im Jahr 1918, als Rätestaat erneut Gegner in einem Krieg zu werden und schließlich nach 1939 wieder als Aggressor und Unterdrücker aufzutreten.

Angesichts dessen ist schwer zu überschätzen, welche Bedeutung der Anschluß einstmals deutscher Gebiete für Polen besaß – auch für die Kommunisten, die das Land regierten. Im Osten verlor Polen fast die Hälfte des Territoriums, das es vor dem Krieg besessen hatte. Einige Millionen Polen wurden gezwungen, ihre Städte und Dörfer zu verlassen. Formal gesehen durften sie zwar bleiben, aber nach den Erfahrungen der vorangegangenen Jahre zu urteilen, hätte dies faktisch bedeutet, sich auf Gedeih und Verderb sowjetischer Willkür auszuliefern. Die Erinnerung an Erschießungen und Deportationen, an Kolchosen und die Verfolgung religiöser Glaubensgemeinschaft war noch zu frisch.

Ohne die Kompensation von Gebieten im Norden und Westen für die territorialen Verluste im Osten wären die Polen mit dem Gefühl aus dem Krieg hervorgegangen, eine schwere Niederlage erlitten zu haben und die am stärksten in Mitleidenschaft gezogene Nation Europas zu sein, ruiniert und dezimiert – ein Staat, der früher flächenmäßig an fünfter Stelle in Europa stand, wäre auf einen der hinteren Plätze zurückgefallen.

Der Gewinn und Erhalt der »Wiedergewonnenen Gebiete« war für die Kommunisten eine Angelegenheit von grundlegender Bedeutung. Die nationale Phraseologie, der dieser Begriff entstammt, deckte sich nicht mit den anderen realen Lebensumständen in Nachkriegspolen. Das einzige, was die neuen Regierenden zumindest einem Teil der Bevölkerung bieten konnten – vor allem den Umsiedlern aus dem Osten – war die Aussicht auf ein einigermaßen wohlhabendes Leben in Gebieten, die wirtschaftlich besser dastanden, auch wenn manche Teile durch den Krieg verwüstet waren.

Die Vertreibung der Deutschen aus ihren Häusern, in denen sie zum Teil schon seit Generationen lebten, der Zwang, die Gebiete zu verlassen, in denen die Friedhöfe ihrer Vorfahren und viele eigene Erinnerungen zurückbleiben mußten – all dies ist weit entfernt von heutigen europäischen Normen, moralischen wie politischen. Nach der heute gebräuchlichen Terminologie würde man von »ethnischen Säuberungen« sprechen. Weit entfernt waren diese Vorgänge auch schon von den völkerrechtlichen Normen, die vor dem Zweiten Weltkrieg in Europa galten.

Doch in den Jahren nach dem Krieg waren diese Normen nicht bindend. Davon zeugt die allseitige Zustimmung der Siegermächte zu den Aussiedlungen, für die sich im deutschen Sprachgebrauch der Begriff »Vertreibung« eingebürgert hat. Es gab freilich Gründe, warum sich die Aussiedlungen im polnischen – und häufig auch im gemeinsamen europäischen – Bewußtsein weitgehender Akzeptanz erfreuten.

Der wichtigste von ihnen bestand im kriegsbedingten Wertezerfall. Aussiedlungen fanden schon während des Krieges statt. Sie waren nur eine von vielen Repressionsarten, und noch nicht einmal die schmerzlichste. Im Vergleich zu den millionenfachen Morden war es kaum möglich, Aussiedlungen für verbrecherisch oder besonders brutal zu halten. Deutschland, und in gewissem Maße auch die Sowjetunion, gewöhnten Europa daran, etwas als normal hinzunehmen, das früher (und später) als schwerste Verletzung menschlicher und zivilisatorischer Grundübereinstimmungen galt.

Ferner war der Zweite Weltkrieg ein Gipfelpunkt nationaler Konflikte in Europa. Schon 1918 hatten einige Politiker behauptet, daß ein friedliches Zusammenleben mehrerer Völker in einem gemeinsam bewohnten Gebiet unmöglich sei. Es sei nötig, sie voneinander zu trennen. Dann sollte nicht nur gelten »cuius regio, eius religio«, sondern auch »cuius regio, eius natio«.

Viele Polen waren 1945 zwischen drei Gefühlen hin- und hergerissen: erstens der Angst vor dem gerade besiegten Deutschland; zweitens der Angst vor der Sowjetunion und einer Herrschaft der Kommunisten; drittens der allgemeinen Überzeugung, vom europäischen Westen, mit dem man sich so sehr eine enge Verbindung gewünscht hatte, im Stich gelassen und verraten worden zu sein. Der Kern des Problems bestand jedoch darin, daß fast ganz Europa die Zugehörigkeit Polens zur sowjetischen Einflusssphäre akzeptierte, sei es aus innerer Überzeugung oder purer Notwendigkeit.

In dieser Situation gab es zwei Möglichkeiten, eine militärische und eine politische.

Erstere wäre ein bewaffneter Kampf gewesen, um die Unabhängigkeit Polens wiederzuerlangen und sich dem Westen anzuschließen. Doch genau genommen waren solche Bestrebungen selbstmörderisch und häufig mit der Hoffnung verbunden, daß zwischen den Siegermächten bald ein dritter Weltkrieg ausbreche. Überlegungen dieser Art standen jedoch in krassem Gegensatz zur Realität der internationalen Beziehungen einerseits sowie zu den Wünschen der allermeisten Polen und Europäer andererseits. Nach den langen Kriegsleiden wollten sie endlich in Frieden leben, auch wenn dieser sich als nicht perfekt erwies. In einem Krieg hätte außerdem jede der beteiligten Parteien versucht, das immer noch erhebliche Potential des besiegten Deutschland zu reaktivieren und für sich zu nutzen.

Jedweder politischen Perspektive beraubt, wurde der polnisch-antikommunistische Untergrund im eigenen Blut ertränkt. Zuletzt stand er völlig isoliert da, obwohl die überwiegende Mehrheit der Polen mit der Machtübernahme der Kommunisten und der sowjetischen Bevormundung sehr unzufrieden war. Der bewaffnete Widerstand gegen den Kommunismus hatte in Polen damals einen deutlich nationalen Charakter. Im Untergrund spielten extreme Nationalisten eine bedeutende Rolle. Ihre Ansichten – häufig auch ein mit Antikommunismus gepaarter Antisemitismus – stießen in liberalen und demokratischen Milieus auf Ablehnung. Diese standen infolge der Situation an einem Scheideweg.

Viele Leute suchten für sich nach einem Platz, um bei der Beseitigung der geistigen und materiellen Verluste, die Polen während der Kriegskatastrophe erlitten hatte, tätig zu werden. Wer sich für eine politische Tätigkeit entschied (und ein großer Teil verzichtete darauf), mußte sich damit abfinden, daß Polen seine Selbständigkeit verloren hatte, nach dem besten Weg zu suchen, um als Individuum und Gemeinschaft zu leben. Zugleich blieb nichts anderes übrig, als zu hoffen, daß die Sowjetunion das polnische System nicht nach eigenem Muster umformen wolle und dem Land, das formal unabhängig geblieben war, weitgehende Autonomie zugestehen werde. Zwar würden die Kommunisten dank sowjetischer Protektion die Oberhand behalten, doch auch anderen Gruppierungen erlauben, ihre Tätigkeit fortzusetzen, soweit diese die kommunistische Dominanz akzeptieren und die sowjetische Politik auf internationaler Ebene unterstützen.

Diese zweite Variante war in Polen populärer als der bewaffnete Widerstand. Für ihn sprachen sich die Befürworter des territorialen und politischen Kompromisses aus, der im Einklang mit den Beschlüssen von Jalta stand, auf Druck der Großmächte gefunden worden war. Der ehemalige Premier Stanisław Mikołajczyk kehrte aus dem Londoner Exil zurück und trat als Vizepremier der neuen Koalitionsregierung bei. Eine gewisse Bedeutung besaß dabei die verwendete Terminologie: Polen, wie auch die anderen Länder des sich formierenden Sowjetblocks, sollte eine »Volksdemokratie« sein. Daß es sich dabei um eine Tautologie handelte, fällt weniger ins Gewicht. Wesentlicher war, daß der Begriff das Versprechen enthielt, sich vom sowjetischen Muster zu unterscheiden, quasi ein dritter Weg zwischen einer liberalen Demokratie und der kommunistischen »Diktatur des Proletariats« zu sein.

Der Kompromiß und das Versprechen freier Wahlen erwiesen sich lediglich als taktisches Manöver der Kommunisten, um die angelsächsischen Gewissensbisse zu beschwichtigen und den polnischen Untergrund zu schwächen. Die Bauernpartei von Mikołajczyk war ständigen Repressionen ausgesetzt. Die Wahlen zum Parlament fanden erst im Januar 1947 statt, und ihre Ergebnisse waren gefälscht. Die Bauernpartei wurde aus der Regierung entfernt, Mikołajczyk selbst fürchtete, inhaftiert zu werden und mußte außer Landes fliehen.

Nicht weniger naiv als die Anhänger Mikołajczyks erwiesen sich jene polnischen Sozialisten, die davon geträumt hatten, die Demokratie beizubehalten oder zumindest einige ihrer Elemente. Wäre es nach ihnen gegangen, so hätte sich in Polen eine Demokratie mit einer von vornherein klar abgesteckten Freiheit des Wortes formiert, an der offene Kritiker der Sowjetunion, Feinde des Kommunismus und Befürworter einer kapitalistischen Wirtschaft nicht hätten teilhaben dürfen – also eine Demokratie für die Linke im Rahmen einer Volksfront, welche von den Kommunisten vor dem Krieg lanciert worden war, aber keine Demokratie für die liberale Mitte oder die klerikale beziehungsweise nationalistische Rechte. Solange es noch eine legale Opposition um Mikołajczyk gab, brauchten die Kommunisten die Sozialisten als Partner. Als dann die Opposition jedoch erstickt worden war, lag auch das letzte Stündlein der Sozialisten nicht mehr fern. Man zwang sie in die Partei »der Einheit der Arbeiterbewegung« hinein, und Widerspenstige wurden mundtot gemacht.

All dies unterschied sich nicht von der Art und Weise, in der man in allen anderen osteuropäischen Ländern vorging. Man könnte sogar sagen, daß es der europäischen Norm entsprach, obwohl diese in beiden Machtbereichen verschieden interpretiert wurden. Im Osten hatten die Kommunisten zumeist keine Mehrheit hinter sich, und ihre Herrschaft schloß eine demokratische Toleranz gegenüber dem politischen Gegner aus. Dieser mußte wie Unkraut mit Stumpf und Stil ausgerottet werden.

In dem Zusammenhang gilt es jedoch zu berücksichtigen, daß gegen Ende des Krieges und in der Nachkriegszeit der Kommunismus in ganz Europa an Popularität gewann, zumindest in manchen Teilen der Gesellschaft und besonders unter Intellektuellen. Von den vielen Gründen hierfür sind vor allem zwei zu nennen. Erstens hatte der Nationalsozialismus den Nationalismus auf den Höhepunkt getrieben und sein unheilvolles, zerstörerisches Potential über viele Länder Europas gebracht. Der Kommunismus hingegen proklamierte den Internationalismus, die Verständigung und das Zusammenleben der Völker. Er war als Alternative zu einem anderen Vorschlag zu verstehen, der zunächst nur im begrenzten Maße von den intellektuellen und politischen Zirkeln Westeuropas unterstützt wurde: die Idee einer europäischen Föderation.

Zweitens wirkte sich zugunsten des Kommunismus aus, daß sich die Krise der Jahre 1929 bis 1933 als große Katastrophe in das kollektive Gedächtnis eingebrannt hatte und dem Kapitalismus zugeschrieben wurde. Die Weltwirtschaftskrise wurde fast als Hauptursache für die Entstehung extremistischer Bewegungen in vielen Ländern angesehen, doch vor allem erklärte man sich mit ihr den Erfolg des deutschen Nationalsozialismus. Die Verstaatlichung beziehungsweise Sozialisierung der Wirtschaft sollte dem künftig entgegenwirken.

Die wachsende Popularität des Kommunismus ging auch an Polen nicht vorbei, obwohl dieses Phänomen hier in relativ geringem Maße und fast ausschließlich in intellektuellen Kreisen zu beobachten war, die sich den Gefahren eines nationalen Exklusivismus widersetzten wollten. Größerer Popularität erfreuten sich Pläne zum Umbau der Wirtschaft, das heißt zur Verstaatlichung der größeren Unternehmen. Für den nationalistisch gesinnten Teil der Bevölkerung spielte das Argument eine Rolle, diese Betriebe hätten sich vor dem Krieg größtenteils nicht in polnischer Hand befunden, sondern im Besitz von Juden oder ausländischem Kapital.

Im Westen triumphierten die Demokratie und die freie Marktwirtschaft. Nur eine kurze Zeit über waren die Kommunisten hier an Regierungskoalitionen beteiligt. Später wurden sie isoliert und an den Rand des öffentlichen Lebens gedrängt, wo sie einigermaßen überleben konnten. In manchen Ländern besaßen sie sogar einen beachtlichen Einfluß auf die Bevölkerungsmeinung und konnten den Regierenden die Arbeit gelegentlich erschweren. Die demokratischen Sozialisten hingegen, die eine Zeitlang die Idee unterstützt hatten, verschiedene Wirtschaftszweige zu nationalisieren und den Kapitalismus einzuschränken, distanzierten sich allmählich von diesen Konzeptionen.

Dieses Bild Westeuropas ist nicht frei von Vereinfachungen. Bis in die siebziger Jahre hinein dominierte zwar das System der parlamentarischen Demokratie, und die Bürger- und Menschenrechte wurden hochgehalten. Aber sie waren nicht allgemein verpflichtend. Auch Diktaturen konnten dem nordatlantischen Militärbündnis angehören, das den Kern Westeuropas mit der amerikanischen Demokratie verband. Seit Gründung der NATO wurde die Mitgliedschaft Portugals akzeptiert, ebenso die Griechenlands, auch nachdem sich dort eine Militärdiktatur etabliert hatte. Nur das Spanien General Francos wurde nicht auf die gleiche Weise behandelt, dazu hatten sich Francos Revolte, seine Unterstützung durch Mussolini und Hitler sowie der Bürgerkrieg von 1936 bis 1939 allzu tief in das europäische Gedächtnis eingegraben.

Der Exkurs in die europäische Problematik macht deutlich, daß das gespannte Verhältnis Westeuropas zu den kommunistischen Staaten – auch dem polnischen – eher von den Notwendigkeiten des »Kalten Krieges« als der Liebe zur Demokratie bestimmt war. Dies zeigte sich seit Ende der vierziger Jahre auch in der Toleranz, mit der man Titos Regime in Jugoslawien begegnete, das diktatorisch und kommunistisch war, sich aber gegen die Sowjetunion gestellt hatte.

Daß Polen auf die Verlustliste gesetzt worden war – davon können auch die politischen Manöver zur Oder-Neiße-Linie zeugen. Als man in Potsdam der Umsiedlung der deutschen Bevölkerung zustimmte, erkannten die Westmächte diese Grenze zwar de facto, nicht aber de jure an. Die Beschlüsse von Potsdam wurden in der unmittelbaren Nachkriegszeit getroffen, als zwischen den Alliierten, siegesbedingt, Hochstimmung herrschte. Stalin dachte, daß die Verschiebung der Grenzen Polen auf Jahrzehnte an die Sowjetunion binden werde. Die Angelsachsen protestierten nicht, da sie in einer Situation, in der sie den polnischen Bündnispartner seinem Unglück überließen, ihr Gesicht wahren wollten.

Mit dem »Kalten Krieg« zusammen trat ein Problem zutage, das eigentlich schon seit 1945 existierte. Irgendwann nahmen die Westmächte zur Kenntnis, daß sich die Rolle Polens als Satellit der Sowjetunion nicht ändern ließ, ohne einen weltweiten Konflikt zu riskieren. Dabei war nicht von Belang, wie die Polen über die Politik der Westmächte dachten. In erster Linie ging es um Deutschland, das besiegt und in Besatzungszonen aufgeteilt worden war.

Moskau besaß in diesem Spiel schlechte Karten. Wenn die sowjetischen Führer darauf gehofft hatten, daß es in Deutschland zu einer nachkriegsbedingten Radikalisierung kommen würde (analog zur Situation ein Vierteljahrhundert zuvor), so waren sie einer Täuschung erlegen. Raub und Gewalt in den von der Roten Armee eroberten Gebieten verhinderten, daß der Kommunismus an Popularität gewann. Die Westmächte mußten nur ein wenig ihre Bereitschaft signalisieren, deutschen Interessen entgegenzukommen, und schon gewannen sie die Sympathien großer Teile der deutschen Bevölkerung.

Die politische Wende des Westens wurde im September 1946 durch die Stuttgarter Rede des amerikanischen Außenministers James Francis Byrnes markiert, der sich vor allem an die Deutschen wandte. Zum ersten Mal seit Potsdam wurde die Frage der Grenze zwischen Polen und Deutschland wieder aufs Tapet gebracht und nunmehr festgestellt, daß sie keinen endgültigen Charakter besitze und daß die polnischen Ansprüche auf einer Friedenskonferenz von den Vereinigten Staaten nicht unterstützt würden. Europäische Politiker äußerten sich nicht ganz so klar, aber in Westeuropa war es von da an zum Grundsatz geworden, vom vorläufigen Charakter der Oder-Neiße-Grenze auszugehen. Endgültige Entscheidungen sollten einem künftigen Friedensvertrag vorbehalten bleiben.

Daß Polen zum sowjetischen Satellitenstaat würde, war bereits in Jalta entschieden worden. Daran hat auch der »Kalte Krieg« nichts geändert. Allerdings beeinflußte dieser die Stimmung der polnischen Bevölkerung in erheblichem Maße. Die weltpolitische Lage, in der die Westmächte um die Sympathien der Deutschen warben, während die Sowjetunion – ihrer Niederlage im Wettstreit um Deutschland gewahr – polnische Territorialansprüche unterstützte, spielte den Kommunisten einen gewichtigen Trumpf in die Hand: Sie konnten nun in die Rolle des Verteidigers polnischer Nationalinteressen schlüpfen.

Besaßen die Polen in diesen Nachkriegsjahren ein europäisches Bewusstsein? Vielleicht sollten wir eher mit der Frage beginnen, ob damals die Europäer insgesamt – oder wenigstens die Westeuropäer – bereits über ein Gemeinschaftsgefühl verfügten. Die Antwort lautet nämlich, daß es auch dort erst in den Anfängen steckte. An ein gemeinsames Europa dachten Robert Schuman, De Gasperi oder auch Konrad Adenauer. Doch schon Winston Churchill war unschlüssig, ob den Briten nicht Amerika näher sei. Viele französische Politiker träumten davon, ihrem Land wieder zu einer Großmacht-Position zu verhelfen. Und der westdeutsche Sozialdemokrat Kurt Schuhmacher wäre bereit gewesen, die westeuropäische Bindung zugunsten der deutschen Einheit aufzugeben. Fast in ganz Europa war die Furcht vor Deutschland verbreitet, und normale Bürger dachten noch weniger an Europa als die Politiker.

In Polen war europäisches Bewußtsein höchst selten anzutreffen, außer in wenigen intellektuellen Milieus. Wie hätte es sich auch in einem Land entwickeln sollen, das im Westen durch Deutschland, dem die Polen mit Misstrauen, Unwillen und oft auch Hass begegneten, vom Rest Europas getrennt wurde? Existierte vielleicht ein osteuropäisches Bewusstsein? Ja, wenn man die Vorstellungs- und Gefühlswelt der polnischen Kommunisten als solches bezeichnen möchte. Ihre Altäre waren nach Moskau ausgerichtet. Allerdings blieb das Denken der überwiegenden Mehrheit der polnischen Bevölkerung davon unbeeinflußt. Den Polen fehlte jener osteuropäische Kitt, der in der Tschechoslowakei, in Bulgarien oder Jugoslawien populär war: die Ideen des Panslawismus.

Die Sonderstellung Polens im kommunistischen Block scheint in dem Maß an Bedeutung verloren zu haben, wie sich sein politisches System seit 1948 dem sowjetischen Vorbild annäherte. Offenen Widerstand gab es nicht. Die Polen fügten sich dem Kommunismus, ähnlich wie ihre Partner in den sogenannten Volksdemokratien, mit Ausnahme Jugoslawiens. Aber zeugte dies auch von einem Bewußtseinswandel im Sinne der kommunistischen Indoktrination?

Es wäre eine unzulässige Vereinfachung, wollte man hierauf eine eindimensionale Antwort geben, sei sie nun positiv oder negativ. Wachsendem Druck ausgesetzt, nahmen die Polen kommunistische Ideen nicht nur zur Tarnung an. Die europäischen Erfahrungen, ob nun mit Deutschland oder der Sowjetunion, haben sehr klar gezeigt, daß die Geknechteten sich selbst lieber als Menschen wahrnehmen wollten, die aus freier Entscheidung handeln. In Polen verkörperte sich einmal mehr die marxistische These von der Freiheit als »Bewußtwerdung der Notwendigkeit«. Notwendig war, sein Leben, seinen sozialen Status und seine Arbeit zu behalten. Der Preis dafür hieß Gehorsam, mit dem eine Veränderung des eigenen Bewußtseins einherging – manchmal aber nur seine begrenzte Korrektur.

Darüber hinaus kamen noch andere Faktoren zum Tragen. So wuchs die Angst vor einem neuen Krieg. Die Friedensbewegung, von den Kommunisten in Polen aktiv gefördert, basierte auf der Überzeugung, daß ein europäischer Konflikt allein von den westlichen Mächte begonnen würde. Eine solche Argumentation schien nicht ganz unglaubwürdig, hinkte die Sowjetunion den Vereinigten Staaten in der Nuklearwaffentechnik doch um einiges hinterher. Bis Herbst 1949 besaß sie keine Atombombe und bis 1953 keine Wasserstoffbombe.

Auch stieg die Angst vor einer deutschen Revanche und dem Verlust der Westgebiete. Die neugegründete Bundesrepublik Deutschland wurde von allen westlichen Ländern anerkannt. Die Regierung Adenauer stellte das Recht Polens auf die Gebiete östlich von Oder und Neiße in Frage und unterstützte die Vertriebenenorganisationen. Die Bundesrepublik wurde zum Partner beim – zuerst mißlungenen – Versuch einer Verständigung der Europäischen Verteidigungsgemeinschaft auf militärischem Gebiet. Schließlich trat die BRD 1955 der NATO bei.

In der polnischen Massenpropaganda wurden zwar die Vereinigten Staaten als das Zentrum der kapitalistischen Aggression ausgemacht, aber der Bundesrepublik schrieb man die Rolle ihres wichtigsten europäischen Verbündeten zu. Befürchtungen gegenüber Deutschland waren keine polnische Spezialität. Auch in westeuropäischen Ländern waren sie zu finden, besonders in Frankreich. Angefacht wurden sie dort zwar von den Kommunisten, doch von fast allen übrigen politischen Gruppierungen geteilt. Wenn hier schon nach einem gemeinsamen Zug europäischen Bewusstseins gesucht werden soll, dann bestand dieser in der weiterhin europaweit herrschenden Angst vor einer deutschen Bedrohung. Allerdings wurde sie nun von der neuen Furcht vor einer sowjetischen Gefahr begleitet (und teilweise geschmälert).

Aber was trennte die Polen in den wenigen Jahren der kommunistischen Phase, die Stalinismus genannt wird, vom osteuropäischen, kommunistischen Bewusstsein? Mehrere Faktoren, die auf andere Länder des Ostblocks nicht oder nur in geringerem Maße zutrafen. Der wichtigste war zweifelsohne die allgemeine Verbreitung und Wirkkraft des Katholizismus. Eine nicht unerhebliche Bedeutung besaßen auch alte Ressentiments gegenüber Rußland und den Russen, ferner der historisch geformte polnische Individualismus sowie der aus den Zeiten der Fremdherrschaft übernommene, eigentümliche Anarchismus – ein tiefes Mißtrauen gegenüber dem Staat sowie allen seinen Institutionen und Aktivitäten.

Was sollte das für ein Sozialismus sein, der ohne seine ideologische Zwangsfeindschaft gegen alle Religionen daherkommt? Was sollte das für ein Sozialismus sein, der keine Disziplin kennt? Mit dem Fehlen einer obrigkeitsstaatlichen Disziplin erklären manche die dürftigen Resultate, die bei der Kollektivierung der Landwirtschaft in Polen erreicht wurden. Andere führen dies hingegen auf eine besondere Verbundenheit des polnischen Bauern mit seinem Boden zurück. Das mag überzeugend klingen, wenn man sie mit den Bauern im ehemaligen russischen Imperium vergleicht, wo über lange Zeit hinweg kollektive Bewirtschaftungsformen praktiziert wurden. Doch könnte man sofort wieder ins Zweifeln geraten, wenn man den Blick auf die Tschechoslowakei oder Ungarn lenkt. Und wieder andere meinen, daß sich die polnischen Kommunisten einfach nicht genug angestrengt hätten, um auf diesem Gebiet ihrer Pflicht nachzukommen. Bleibt die Frage, warum? Falls sie mit erheblichem Widerstand rechneten, bedeutet dies, daß wir in unserer Argumentation wieder zum Ausgangspunkt zurückkehren müssen.

Sehr wahrscheinlich hätte der Stalinismus das Bewußtsein breiter Massen in Polen stärker geprägt, wenn er sich hier länger behaupten hätte können. Das war ja in der Sowjetunion zu beobachten. Doch in Polen dauerte die stalinistische Ära nur kurz. Die intensive Indoktrination samt begleitender praktischer Maßnahmen begannen in Polen erst 1948, sie kulminierten in den Jahren 1952 und 1953 und nahmen bereits bei den ersten Anzeichen eines »Tauwetters« in der Sowjetunion Formen einer Entstalinisierung an. Unter deren Befürwortern fanden sich auch manche, die kurz zuvor noch dem Stalin-Kult nachgeeifert und das sowjetische Systemmodells gepredigt hatten.

Polen wich vom Weg des Stalinismus ab, indem kommunistische Intellektuelle, aber auch Politiker, Kritik und Selbstkritik übten. Die schärfsten Töne stammten von Mitarbeitern des Wochenblattes »Po Prostu« (Geradeheraus), das sich an die junge Intelligenz richtete und ursprünglich einmal gegründet worden war, um unter Studierenden ein kommunistisches Bewußtsein zu fördern.

All dies unterschied den polnischen Kommunismus jedoch nicht vom europäischen. Mißbilligend über das Sowjetsystem äußerte sich auch der Chef der Kommunistischen Partei Italiens, Togliatti, der einstmals in engem Verhältnis zu Stalin gestanden hatte. Nicht weniger machten kommunistische Philosophen und Historiker in Frankreich ihrer Enttäuschung über den Stalinismus Luft. Die kommunistische Kulturelite und die vom Kommunismus geprägte Jugend in Ungarn rechneten mit den blutigen Repressionen in ihrem Land ab.

Die Bestürzung darüber, daß der König keine Kleider trug, bildeten den allgemeinen Tenor. Von Stalins Verbrechen erfuhren nicht nur die enthusiastischen jungen Kommunisten zum ersten Mal; nicht nur die Intellektuellen, die von den Praktiken des Systems nichts gewußt haben wollten und in einem kommunistischen Elfenbeinturm gefangen waren; sondern auch die Mitarbeiter des kommunistischen Apparates, die häufig viele Jahre in der Sowjetunion, in der Emigration oder an den Schreibtischen der Komintern zugebracht hatten. Überrascht zeigten sich in der polnischen Partei sogar jene, die selbst eine Zeitlang in stalinistischen Lagern gewesen waren, aber mit dem Leben davongekommen und in einflußreichen Positionen zu ihrer kommunistischen Tätigkeit zurückgekehrt waren.

Vielleicht war dies Erstaunen ein Merkmal europäischen Bewusstseins, das nicht allein auf den Kommunismus beschränkt blieb? Vielleicht war es auch einfach ein allgemein menschliches? Viele Deutsche wollten erst nach dem Krieg vom Völkermord in den Vernichtungslagern, von den Folterungen in den Konzentrationslagern und den Massenmorden an der Zivilbevölkerung in den besetzten Ländern erfahren haben. Und nicht immer gibt es Grund zu der Annahme, daß alle diese Menschen lügen. Denn wer nicht wissen willen, wer sich fürchtet, die Wahrheit zu kennen, bemerkt nicht einmal, was unmittelbar neben ihm passiert. Selbst wenn er etwas bemerkt hat, verdrängt er es aus seinem Bewusstsein.

Einspruch gegen den Stalinismus erhob auch eine Strömung, die mit der kommunistischen Partei nicht oder nur lose verbunden war. Im Juni 1956 kam es während eines Generalstreiks in Posen zu einem elementaren Ausbruch der Unzufriedenheit. Ihrem Charakter nach unterschieden sich diese Ereignisse, die blutig endeten, nur wenig vom Juni 1953 in Ostdeutschland oder vom revolutionären Volksaufstand in Budapest im Oktober 1956. Sie alle zeugten davon, wie ungeheuer groß die Kluft zwischen den gesellschaftlichen Lebenswelten Ost- und Westeuropas war.

Diese Vorgänge bedeuteten leider auch einen weiten Schritt zurück – sogar noch hinter die politischen und zivilisatorischen Normen, die vor 1939 in Polen und Europa Gültigkeit besaßen. Zu einer größeren unorganisierten Massenunruhe unter Arbeitern kam es auf polnischem Boden zuletzt Ende des 19. Jahrhunderts. Bar jeder legalen politischen Einspruchs- und Einflußmöglichkeit und ohne unabhängige Berufsverbände geriet dieser Streik zu einer elementaren Revolte, der sich zwar eine große Zahl empörter Jugendlicher anschloß, der aber auch jegliche Führung oder ein Aktionsprogramm fehlte.

In Posen sorgte die harte Reaktion der Staatsorgane dafür, daß der anfangs friedliche Protest zu einem Kampf der Protestierenden mit den Funktionären der Staatssicherheit eskalierte. Solch ein Massaker wie unter den Posener Demonstranten hatte Polen seit der Zarenzeit und der russischen Revolution von 1905 nicht mehr erlebt. Im Laufe der Ereignisse wurden Truppen mit schwerer Bewaffnung und sogar Panzer in eine der größten

Städte des Landes beordert. 63 Zivilisten starben. Im Vergleich dazu fanden beim Krakauer Generalstreik von 1923, der häufig als Schande der Zwischenkriegszeit betrachtet wird, 18 Demonstranten den Tod.

Die offene Unzufriedenheit beschränkte sich nicht auf die Arbeiterschaft. Auch auf dem Lande, wo die Bauern jahrelang mit Repressionen gezwungen werden sollten, der Kollektivierung zuzustimmen, machte sie sich nun kraftvoll Luft. Studenten probten den Aufstand, und sogar die offizielle Jugendorganisation der kommunistischen Partei befand sich in Auflösung. Einen Quell unzähliger Proteste bildeten nicht zuletzt katholische Zirkel, die von unterschiedlichsten Verfolgungsmaßnahmen betroffen waren.

Vom Posener Massaker im Juni bis zur der Lösung der politischen Krise im Oktober 1956 verstrichen gerade einmal vier Monate. Aber was sich in dieser Zeit tat, war enorm: Zwischen den anachronistischen Methoden, mit denen der gesellschaftliche Protest auf extreme gewaltsame Weise erstickt werden sollte, und der Suche nach einem Kompromiss beziehungsweise den Versuchen, die Lage zu beruhigen, lagen Welten. Die Oktober-Beschlüsse waren der politischen Mentalität Westeuropas recht ähnlich und der osteuropäischen Geisteshaltung zur Zeit des Kommunismus verhältnismäßig fremd. In Zukunft sollte sich zeigen, daß auch Polen der Rückfall in dunkle Zeiten gewaltsamer Repression drohte.

Wie auch immer: Die polnischen Vorgänge des Jahres 1956 jedenfalls waren im kommunistisch regierten Teil Europas ohne Beispiel.

Nach dem Tode Stalins gab die Sowjetunion endgültig ihre Hoffnung auf, daß sich der Kommunismus in Westeuropa noch einmal durchsetzten werde – womit sie allerdings schon früher nicht mehr ernsthaft gerechnet haben dürfte. Neues Ziel der sowjetischen Europapolitik wurde künftig, den eigenen Machtbereich zu sichern, der durch die Ereignisse der Jahre 1953 und 1956 in der DDR, Polen und Ungarn erschüttert worden war. Die äußere Expansion sollte sich von nun ab auf andere Kontinente richten.

Der Prozess der Entstalinisierung ging in Polen am weitesten. Es war das einzige Land des gesamten Ostblocks, in dem die Regierungsmannschaft ohne Absprache mit Moskau grundlegend wechselte. Die polnischen Kommunisten gingen aus dieser Kraftprobe ohne erkennbare Machtverluste, ja sogar gestärkt hervor, nicht nur innenpolitisch, sondern auch gegenüber der sowjetischen Schutzmacht. Welche Gründe waren dafür verantwortlich?

Die besondere Intensität der Entstalinisierung hing mit jenen bereits skizzierten Besonderheiten zusammen, die das polnische Bewusstsein vom osteuropäischen unterschieden. In Polen nahm sie den Charakter einer regelrechten Volksbewegung an. Im Oktober 1956 wurde sie schließlich auch von der breiten Bevölkerung unterstützt, so daß im Fall einer sowjetischen Intervention die Lage zu eskalieren drohte. Für die Regierenden im Kreml waren Polens Größe und seine lange Tradition von Aufständen wichtige Argumente, um gemäßigt zu reagieren. Weitere kamen hinzu. Anders als in Ungarn, das wenige Tage später folgte, war der Wandel in Polen von oben gesteuert, von den Kommunisten selbst. Zwar hatte sich der Posener Arbeiteraufstand, der vor vier Monaten ausgebrochen war, nicht auf das ganze Land ausgedehnt, doch war er für die Regierenden Ansporn genug, Reformen ernsthaft ins Auge zu fassen.

Die Lenkung des Reformprozesses von oben war nur deswegen so leicht möglich, weil die Partei sich als fähig erwies, mit Władysław Gomułka einen kommunistischen Politiker an ihre Spitze zu berufen, der frei war vom Makel stalinistischer Cliquenzugehörigkeit. Über einen solchen Trumpf verfügten nur die polnischen Kommunisten – ein ehemaliger Parteiführer, der abgesetzt und inhaftiert worden war, aber überlebte. So gute Karten besaßen die Ungarn nicht, denn Imre Nagy war auch in den Jahren des Stalinismus ein Spitzenfunktionär der Partei geblieben. In der Tschechoslowakei, Rumänien und Bulgarien hatten sämtliche Kandidaten, die für den Parteivorsitz in Frage gekommen wären, nach Schauprozessen ihr Leben verloren.

Hatte Gomułka, der wegen »Titoismus« und aller möglichen Unregelmäßigkeiten – angeblicher Nationalismus, Misstrauen gegen die Sowjetunion oder Unwille, die Landwirtschaft zu kollektivieren – angeklagt wurde, nur zufällig überlebt? Mickiewicz erklärte hierzu einmal mit zwinkerndem Auge: »Wir Slawen lieben das Idyll« – also unblutige Dinge. Doch lassen wir das einmal beiseite, denn Gomułka selbst war ganz und gar kein Freund des Idylls. In den Nachkriegsjahren spielte er in der Regierung eine entscheidende Rolle bei dem Versuch, das Land zu befrieden. Damals starben in Polen mehr Menschen als zur Zeit des Stalinismus. Seine politische Karriere endete schließlich vierzehn Jahre später, als er befahl, auf Demonstranten zu schießen.

Daß versäumt wurde, den Schauprozeß gegen Gomułka bis zur letzten Konsequenz durchzuziehen, hatte viel mit seiner Widerstandskraft und seiner Seelenstärke zu tun: Es war unmöglich, ihm das erforderliche Geständnis abzuringen, er habe mit den Feinden des Kommunismus zusammengearbeitet. Dabei spielten gewiß die schweren Erfahrungen und das schlimme Schicksal eine Rolle, das die polnischen Kommunisten zur Zeit des »Großen Terrors« – Ende der dreißiger Jahre – in der Sowjetunion erleiden mußten: Gegenseitige Beschuldigungen und Selbstbezichtigungen polnischer Genossen lieferten Stalin genügend Vorwände, um die ganze Partei aufzulösen und die meisten der Mitglieder, die sowjetischen Organen in die Hände fielen, ermorden zu lassen. Diese besondere Erfahrung der polnischen Kommunisten mußten ihre osteuropäischen Genossen nur in abgeschwächter Form machen: daß nämlich interne Säuberungen, wenn sie erst einmal begonnen haben, immer größeren Schwung entwickeln und schließlich sogar ihre Urheber und Vollstrecker fraßen.

In Moskau wurde der neue polnische Parteichef, dem man sich anfänglich widersetzte, schließlich akzeptiert. Hierfür war sein kommunistischer Hintergrund jedoch kaum ausschlaggebend; denn in der Hierarchie der in-

ternationalen kommunistischen Nomenklatur nahm Imre Nagy beispielsweise einen höheren Platz als Gomułka ein. Wichtiger waren die Persönlichkeit und die Ansichten des polnischen Parteiführers. Gomułka galt als
Autokrat, der keinen Widerspruch gegen die kommunistische Regierung
duldete, ja nicht einmal unabhängige Meinungen innerhalb der Partei. Er
machte kein Geheimnis aus seiner Ansicht, daß sich die Kommunisten in
Polen nur dann auf längere Sicht an der Macht halten könnten, wenn sie
von Moskau unterstützt würden. Noch wichtiger war seine geopolitische
Beurteilung der Lage: daß allein die Sowjetunion den Fortbestand der
polnischen Westgrenze garantieren könne.

War Gomułka ein Europäer? Diese Frage ist schwer zu beantworten.
Er stammte aus einer überwiegend landwirtschaftlich geprägten Gegend,
wuchs in einer Kleinstadt auf, weit entfernt von den Zentren der europäischen und polnischen Kultur. Seine Kenntnis der Welt erwarb er sich
im Selbststudium, im Gefängnis, bei besser gebildeten Genossen und auf
Parteischulungen, die er ein knappes Jahr lang in der Sowjetunion besuchte. Mit europäischen Fragen hat er sich wenig beschäftigt, sofern sie
Polen nicht betrafen. Das, was ihn von vielen anderen Kommunisten unterschied, waren seine starken nationalen Gefühle. In Moskau irrte man
sich jedoch nicht in der Beurteilung seiner Person: Gomułka besaß eine
pragmatische Haltung zur Sowjetunion.

Er wollte nicht so sehr Europäer sein, wie man in Westeuropa dachte,
daß er sei. Man überschätzte den Grad seiner Selbständigkeit, da er 1956
gegenüber der Sowjetunion durchaus eine gewisse Selbständigkeit bewiesen
hatte. Aufgrund dessen war es ihm gelungen, Frankreich und Großbritannien zu Äußerungen zu bewegen, die Polens Position zur Westgrenze mehr
oder minder deutlich unterstützten. Und die Amerikaner vermieden es,
das zu wiederholen, was ihr früherer Außenministers James Francis Byrnes
1946 in Stuttgart gesagt hatte. Mit der Bundesrepublik hatte Gomułka
hingegen viele Jahre lang seine Schwierigkeiten. In Bonn verließ man sich
zwar anfänglich auf die polnische Selbständigkeit, erkannte später aber,
daß der einzige Weg nach Osten über Moskau führe. Auch Adenauer soll
gesagt haben, daß man Gespräche besser mit dem Schmidt als mit dem
Schmidtchen mache.

Gomułkas Innenpolitik fußte auf zwei erpresserischen Argumenten,
mit denen jegliche Opposition erstickt werden sollte. Einerseits wurde auf
die Möglichkeit einer sowjetischen Intervention verwiesen. Diese War-

nung besaß nach dem Einmarsch in Ungarn 1956 erhebliche Zugkraft und erlangte nach den Ereignissen in der Tschechoslowakei 1968 neues Gewicht. Daß man in Moskau gezögert hatte, den bewaffneten Einmarsch anzuordnen und daß Gomułka ebenso wie SED-Chef Walter Ulbricht eine Interventionslobby gebildet hatten, fiel hierbei kaum ins Gewicht. Das zweite Argument lautete wie schon nach 1945: Von Deutschland geht noch immer eine Gefahr aus.

Für das Verhältnis Gomułkas zur Sowjetunion waren praktische Aspekte ausschlaggebend, für seine Einstellung zum kommunistischen System als optimaler Konstruktion eines starken, gerechten Staates hingegen ideologische. Seine Ansichten wurden lediglich von einem Teil der Parteifunktionäre und des Staatsapparates geteilt. Vor 1956 hatte der Kommunismus durch seine Ideologie das Bewusstsein zumindest eines Teils der polnischen Bevölkerung mitgeprägt. Nach 1956 vergrößerte sich der kommunistische Einfluß zwar weiter, doch jetzt nicht mehr aus ideologischen, sondern aus rein pragmatischen Gründen: Die breite Masse erkannte die sowjetische Vormachtstellung einfach an.

Solange jede Abweichung vom Kommunismus die Gefahr in sich barg, daß die Sowjets intervenieren könnten, war es unumgänglich, sich mit ihm abzufinden – genauso wie sich die Politiker und Bürger Westeuropas mit der Existenz des Ostblocks abfanden; es kam ihnen ja auch nicht in den Sinn, gegen die DDR 1953, Ungarn 1956 oder die Tschechoslowakei 1968 mehr zu tun, als zu protestieren. Weder im Westen noch im Osten hat man die Teilung Europas in Frage gestellt, sondern sich allenfalls bemüht, kleinere Verbesserungen der bestehenden Situation zu erreichen.

Natürlich bauten sich Spannungen auf, aber nicht aufgrund westlicher, sondern meist aufgrund sowjetischer Vorstöße. Am stärksten störten sich die Sowjets an der Enklave West-Berlin – bis die Regierung der DDR dieses Problem im August 1961 mit dem Bau der Berliner Mauer löste. Sich mit den Tatsachen abzufinden, wurde fortan zu einem verbindenden Element im europäischen Bewußtsein, das allen – den Polen, den Bewohnern des Ostblocks und den Westeuropäern – gemeinsam war. Wenn nicht in alle Ewigkeit, so galt dies doch für sehr lange Zeit.

Mit der einhelligen Anerkennung der europäischen Teilung ging zugleich eine Milderung ihrer Radikalität einher. »Der Eiserne Vorhang« wandelte sich zu einem Schleier, der für besondere Zwecke und Personen manchmal zur Seite gehoben werden konnte. Die Bewohner einiger Ostblock-Länder wie Polen konnten nun sehr viel mehr über die Situation im Westen Europas, mehr über politische Rechte und Rechtsstaatlichkeit, vor allem aber mehr über die wirtschaftliche Effektivität und wachsenden Lebensstandard erfahren als früher.

Was bedeutete es, sich in dieser Situation »mit den Tatsachen abzufinden«? Polen und andere Osteuropäer zählten nicht auf einen Zusammenbruch des Kommunismus, sondern auf Reformen innerhalb des Systems. Allzu energische Reformbefürworter wurden aus der Partei entfernt, manchmal inhaftiert und mit dem Stempel des Revisionismus gebrandmarkt. Doch das Schlagwort »Reform« tauchte sehr wohl in den offiziellen Parteiprogrammen auf. Aufoktroyierte Reformen sollten hier und da ein paar Freiheiten mehr gewähren, aber nicht so viele, daß dadurch die Diktatur des »demokratischen Zentralismus« gefährdet würde; Reformen sollten zuviel Bürokratismus bei der Lenkung der Wirtschaft verhindern, aber nicht deren zentralisierte, auf Anordnungen beruhende Funktionsweise grundsätzlich verändern. Letzten Endes ging es auch in der Innenpolitik eher um bescheidene Korrekturen, die den Begriff Reform kaum verdienten.

Anscheinend hatten die Verteidiger eines einheitlichen Systems, zu denen Gomułka und seine Entourage gehörten, Recht, wenn sie weitergehende Reformen für eine Bedrohung hielten, und zwar für eine doppelte: Erstens, weil man mit außenpolitischem Druck oder gar einer Intervention zu rechnen hatte, solange sich das Zentrum des Ostblocks, die Sowjetunion, nicht selbst an Reformen wagte. Zweitens, weil sich die Reformer auf die Aktivität breiter Massen berufen mußten, um den Widerstand konservativer Kräfte im eigenen Apparat zu brechen. Einmal von ihren Fesseln befreit, überschritten die Reformen durch ihre Elementarität jedoch häufig die Grenzen dessen, was das System noch tolerieren konnte, ohne seinen Fortbestand zu gefährden. Vom ungezügelten Aktionismus breiter Massen alarmiert, hatten die kommunistischen Reformer nur die Wahl, entweder in die Rolle von Bremsern schlüpfen oder eine sowjetische Intervention zu riskieren. Gomułkas Polen nach 1956 war ein Beispiel für die erste dieser beiden Lösungen; die Tschechoslowakei Dubčeks nach 1968 ein Beispiel für die zweite.

Solange man nicht einmal einen kleinen Abschnitt jenes Weges gehen konnte, den die westeuropäischen Länder wiesen, und solange der Kommunismus als Ideologie wie als Wirtschaftssystem enttäuschte, mußte man sich an anderen Wegweisern orientieren. Dazu zählte die Verbindung von Kommunismus und nationalistischen Ideen. In mehr oder weniger deutlicher Form wurden sie in der Sowjetunion und allen übrigen kommunistischen Ländern postuliert, auch solchen, die nicht zum Ostblock gehörten wie Jugoslawien und Albanien. Einzige Ausnahme war die DDR, die sich hierfür nicht eignete.

In der Zweiten Hälfte der sechziger Jahre wurde der Nationalismus von der Partei und vom Staatsapparat immer stärker forciert. Dies hatte seinen Grund zum Teil in einer ideellen Rückwende, wurde aber auch als Instrument der politischen Lenkung gesehen. Dieser Nationalismus war eklektisch. Man vermied jene traditionellen Elemente, die sich gegen Rußland richteten, und betrieb dafür die antideutsche und antisemitische Propaganda am stärksten. Mit ersterer setzte sich eine Tendenz fort, die in der Politik der Kommunisten schon seit 1945 erkennbar war. Nach wie vor hielten sie an der Überzeugung fest, daß antideutsche Emotionen, die tief ins historische Gedächtnis eingebrannt waren, ein wichtiges Bindeglied zwischen der Bevölkerung und den Machthabern in Polen darstellen würden. Von der antisemitischen Kampagne 1967/68 wird noch in einem späteren Kapitel zu reden sein, das der polnisch-jüdischen Problematik gewidmet ist.

Noch nie seit dem Zweiten Weltkrieg haben sich die Unterschiede zwischen den Richtungen der offiziellen Politik West- und Osteuropas mit solcher Intensität offenbart wie jetzt. Im Westen gewann die Forderung, nationalistische Traditionen zu überwinden und die europäische Integration voranzutreiben, immer mehr an Bedeutung. Auch wurde sie hier mit immer größerem Nachdruck umgesetzt. In einigen Ländern des Ostens hingegen erhielt der Nationalismus eine beinah obligatorische Qualität.

Nur: Diese divergierenden Richtungen schlugen sich bei weitem nicht vollständig im Bewußtsein breiter Bevölkerungsschichten nieder. Viele Westeuropäer blieben nationalistischen Gefühlen nicht abgeneigt. Während viele Osteuropäer, darunter auch Polen, sich von der extremen nationalistischen Propaganda, die Mitte der sechziger Jahre allgegenwärtig war, nicht beeinflussen ließen.

Die Ereignisse von 1968 führten in verschiedenen Bereichen zu einer Veränderung im polnischen und europäischen Selbstverständnis. Es ist schwierig, sie auf einen gemeinsamen Nenner zu bringen. Verbindend war der Umstand, daß in diesen Jahren unter anderem – wenn auch nicht ausschließlich – eine Generation zu Wort kam, der die Eindrücke und Emotionen des Zweiten Weltkrieges fremd waren. Dieser Generation ging es darum, eine Zukunft aufzubauen, die sich nicht nur von der Vorkriegs- und Kriegszeit, sondern auch von der gegenwärtigen Situation unterschied. Junge Leute, die sich verschiedener moralischer und materieller Defizite der Nachkriegszeit bewusst wurden, ihre Bedeutung aber aufgrund mangelnder Lebenserfahrungen manchmal übertrieben, wollten ganz von vorne anfangen. Sie wollten ihr eigenes Land, ihr eigenes Europa schaffen. Dabei fanden sie Verbündete unter den älteren Generationen – allerdings fast ausschließlich unter Intellektuellen, die ähnlich wie die Jugendlichen mit den real existierenden Lebensumständen unzufrieden waren und sich in ihrer Hoffnung, daß eines Tages Vernunft und Gerechtigkeit herrschen könnten, enttäuscht sahen.

Polen war Kampfschauplatz zweier Tendenzen, die sich beide vom Kommunismus herleiteten, diesen verändern wollten und nun beide zum Frontalangriff ausrückten: einerseits die Anhänger einer Verbindung von Kommunismus und Nationalismus, andererseits die Revisionisten, die Fürsprecher jenes synkretistischen Gebildes namens »demokratischer Kommunismus«. Dem Anschein nach haben die kommunistischen Nationalisten gewonnen und die Revisionisten verloren. Eigentlich verloren aber beide Seiten.

Ein polnischer Nationalismus, der in untertänigem Treueverhältnis zu irgendeiner Schutzmacht stand, war eine Mißbildung ohne Überzeugungskraft. Viele Polen mit stark nationalen Gefühlen wollten nicht an eine Verwandelung der alten Verehrer der Sowjetunion in glühende Patrioten glauben. Und in Moskau brachte man dem kommunistisch-polnischen Nationalismus auch nicht allzu viel Vertrauen entgegen. Man fürchtete, er könne bei einem Großteil der Bevölkerung früher oder später zu antirussischen Stimmungen führen. Manche Anhänger Mieczysław Moczars, des Anführers der kommunistischen Nationalisten, stiegen in der Parteihierarchie auf, ließen ihn aber schnell wieder im Stich. Andere, die ihm die Treue hielten, schafften es hingegen nicht, in die Parteispitze vorzudringen.

Eine weitere Folge der Ereignisse von 1968 – das gilt für Polen wie für die Tschechoslowakei – war unstrittig: Der Revisionismus, später auch der kommunistische Nationalismus, verlor an Boden, und dies obwohl der orthodoxe Kommunismus auch weiterhin nur bei sehr wenigen beliebt war. Kaum einer glaubte, daß das System zusammenbrechen könnte, aber die Hoffnung, es könnte sich vielleicht von innen, aus der Partei selbst heraus verändern, schwand zusehends dahin. Der Bewußtseinswandel in der polnischen Bevölkerung schlug eine völlig andere Richtung ein als in Westeuropa. Dort führte das Jahr 1968 zu einem Anwachsen spontaner Aktivitäten, zu einem Gefühl der Unabhängigkeit von verkrusteten Traditionen und der Befreiung von muffig-konservativen Wertvorstellungen, die das öffentliche Leben bislang geprägt hatte. In Polen aber dominierten Verzagtheit, Passivität und der Rückzug ins Private.

Während der zweiten Hälfte der sechziger Jahre wuchs die Unzufriedenheit darüber, daß der Lebensstandard stagnierte – auch im Vergleich zu anderen Ostblock-Staaten. Zwischen den westeuropäischen Ländern und Polen klaffte ein Versorgungsgraben, der vor allem eine Folge der niedrigen wirtschaftlichen Produktivität war. Gomułkas Regierungsmannschaft war sich bewußt, daß Reformen, die auf eine Verbesserung der ökonomischen Lage hinausliefen, unumgänglich waren. Aber man schob sie vor sich her, wohlwissend, daß entsprechende Maßnahmen anfangs neue Erschwernisse für die Bevölkerung mit sich bringen würden. Und die Regierung fürchtete, daß sich die Unzufriedenheit explosionsartig Luft machen könnte.

Es war die Außenpolitik, welche die kommunistischen Machthaber neue Hoffnung schöpfen ließ. Der Einmarsch in die Tschechoslowakei konnte den Entspannungsprozeß zwischen den beiden Blöcken nur für kurze Zeit aufhalten. Die deutsche Ostpolitik besaß für Polen größte Bedeutung. Zwar verlangte die Verständigung mit der Bundesrepublik, auf antideutsche Propaganda zu verzichten oder sie zumindest zu mäßigen, doch brachte sie dafür einen ganz außerordentlichen Erfolg mit sich: die vertragliche Bestätigung der polnischen Westgrenze. Gomułka erreichte dieses Ziel im Dezember 1970, obwohl die deutsche Seite auch weiterhin juristische Vorbehalte geltend machte. Wie sich zwanzig Jahre später herausstellen sollte, waren sie jedoch nur von geringer praktischer Bedeutung.

Der polnische Parteichef, der im Grunde auch Staatsoberhaupt war, betrachtete den Warschauer Vertrag mit der Bundesrepublik als *das* Werk seines Lebens. Er überschätzte jedoch die Bedeutung, die es im Denken seiner polnischen Landsleute einnehmen würde. Die deutsch-polnische Verständigung beeinflusste ihre Haltung erst auf längere Sicht, und noch dazu auf eine andere Weise, als von den Regierenden erwartet. Die Übereinkunft vergrößerte nicht die Popularität der kommunistischen Machthaber, trug aber zur Öffnung des Lands nach Westen bei und half, die verbreiteten emotionalen Vorbehalte gegenüber Deutschland abzuschwächen. Auf diese Weise schlossen sich auch die Polen allmählich der Überzeugung an, die inzwischen von der Mehrheit der West- sowie von vielen Osteuropäern geteilt wurde: daß sich (West-)Deutschland als Nation grundlegend verändert, daß es mit seinen expansiven und aggressiven Traditionen gebrochen habe und nun in Frieden mit seinen Nachbarn leben und kooperieren wolle.

Nur sechs Tage nach der Unterzeichnung des deutsch-polnischen Vertrages mit der Bundesrepublik verkündete die Regierung Gomułka den Beginn einer ersten Stufe von Wirtschaftsreformen. Vorerst sollte deren einziges greifbares Resultat jedoch in einer Erhöhung der Lebensmittelpreise bestehen. Die Antwort darauf hieß Streik in der Danziger Werft – einem der größten Industriekolosse des Landes, gemessen an seiner Belegschaft. Wenig später griff der Streik auf andere Betriebe der Danziger Küstenregion über. Gemäß den Regeln, die im gesamten Ostblock galten, war dieser Streik illegal, und die Behörden weigerten sich, mit seinen Anführern zu verhandeln. Die protestierenden Arbeiter gingen auf die Straße, es kam zu Kämpfen mit der Miliz, und ein Parteigebäude ging in Flammen auf. In den anderen Küstenstädten schlossen sich die Arbeiter großer Betriebe den Protesten an.

Ähnlich wie fünfzehn Jahre zuvor, war auch diese Bewegung von elementarem Charakter; ein Streikkomitee wurde erst im Laufe der Ereignisse gebildet. Und ähnlich wie damals griffen die Machthaber auch heute wieder zur Gewalt, was den Gebrauch von Schußwaffen einschloss. Rund 25.000 Soldaten wurden in die Küstenstädte verlegt, dazu 250 Panzer und 750 gepanzerte Transportfahrzeuge. Auf den Straßen Danzigs, Gdingens und Stettins verloren 45 Zivilisten ihr Leben. Es gab mehr als tausend Verwundete, und Tausende mißhandelter Gefangene.

Aber auch die Machthaber versuchten, einen Kompromiß zu erreichen. Unmittelbar nach den Massakern kam es zu einem Revirement in der Staats- und Parteiführung. Gomułka wurde abgesetzt, ihm folgte Edward Gierek an die Spitze der Regierung, dem ein Ruf als pragmatischer Technokrat vorausging. Die neuen kommunistischen Staatslenker riefen zur Verständigung auf. Gierek versprach, daß sich die blutigen Zusammenstöße nicht wiederholen würden. Nach neuen Streiks im Februar 1971 gab man den Plan, die Preise zu erhöhen, schließlich auf. Für das Bewußtsein der breiten Bevölkerung hatten diese Ereignisse an der Küste unterschiedliche Konsequenzen, vor allem als sehr bald klar wurde, daß sich der Regierungsstil im Lande kaum verändert hatte.

Die Arbeiter in Westeuropa, besonders in den großen Betrieben, identifizierten sich damals immer stärker mit dem bestehenden System. Sie versuchten, ihre Interessen mit Hilfe der Gewerkschaften durchzusetzen und bedienten sich häufig anderer Druckmittel als Streiks. An die Spitze der Massenproteste rückten Jugendliche, vor allem und in immer größerer Zahl Studenten. Im Osten dagegen wurde die kommunistische Phrase von der führenden Rolle der Arbeiterklasse auf paradoxe Weise Wirklichkeit. Die Arbeiter der großen Betriebe fühlten ihre Macht und errangen, zum zweiten Mal in der polnischen Geschichte nach 1945, einen Erfolg – einen blutigen allerdings. Im ganzen Ostblock war dieser Vorgang beispiellos. Doch erwies sich wieder einmal, daß Erfolge dieser Art auf Dauer keine nützlichen Resultate zeitigen.

Die Ereignisse des Dezember 1970 und seiner Folgemonate führten immerhin dazu, daß die neue Regierungsmannschaft die Notwendigkeit tiefergehender Veränderungen erkannte. Sie versuchte aber, den Wandel auf die Bereiche Ökonomie und Kultur zu beschränken. Auf wirtschaftlichem Gebiet sollten die Kontakten mit den hochentwickelten Ländern des Westens intensiviert werden. Man war auf Kredite aus, um sich mit neuer Technologie zu versorgen, die Industrie zu modernisieren und später die Schulden mit steigenden Exporten wieder begleichen zu können. Polen sollte sich Westeuropa annähern, am Weltmarkt teilnehmen und auf einem Niveau produzieren, das qualitativ internationalen Standards entsprach, aber viel kostengünstiger war als in den westlichen Industrieländern. Vor dem Hintergrund der guten Konjunkturlage Anfang der siebziger Jahre sah man die späteren Schwierigkeiten im internationalen Handel nicht voraus.

Zum Teil wurden die (West-)Kredite genutzt, um Lebensmittel und Industriegüter anzukaufen. Die rasche Anhebung des Lebensstandards sollte die Spannungen in der polnischen Gesellschaft beseitigen. Die Bevölkerung wäre dann in den Kreis der europäischen Konsumgesellschaften eingetreten. Diesem Ziel paßte sich auch die Kulturpolitik an, die eine moderne Form der Massenunterhaltung im Blick hatte – natürlich garniert mit politischer Propaganda und verpackt in Fernsehserien oder populäre Schlager.

Andere Entwicklungen auf internationaler Ebene waren für die Pläne der polnischen Regierung ebenfalls von Vorteil. Im Jahr 1973 begann in Helsinki der KSZE-Prozeß, der den Grundsatz eines friedlichen Zusammenlebens beider Blöcke festigte. Die kommunistischen Staaten erhielten größere Freiheit in ihren Beziehungen zu westlichen Ländern. Die Regierung Gierek gehörte neben Ungarn und Rumänien in Osteuropa zu den besonders eifrigen Befürwortern wirtschaftlicher Kontakte. Diese waren zumeist recht einseitig und beschränkten sich auf Kredite, um den Import von Investitions- und Konsumgütern zu steigern.

Für diese Kredite sowie den Zugang zu neuen Technologien zahlte man in einer Münze, die der westeuropäischen Öffentlichkeit positiv erschien. Wissenschaftliche und kulturelle Kontakte wurden erkennbar intensiviert und die Beschränkungen von Auslandsreisen, auch privaten, verringert, obwohl finanzielle Aspekte dem gewisse Grenzen setzten. Weiterhin konnte man Zlotys kaum legal gegen westliche Währungen tauschen, und bei den Kursen, die auf dem Schwarzmarkt verlangt wurden, waren Auslandsreisen unerträglich teuer.

Zum ersten Mal tauchte eine größere Zahl von polnischen Gastarbeitern in Westeuropa auf. Meistens arbeiteten sie schwarz für ein paar Wochen und kehrten dann nach Hause zurück. Mit der Bundesrepublik wurde die Übereinkunft getroffen, jenen Menschen, die zu Tausenden erklärten, der deutschen Minderheit anzugehören, die Ausreise aus Polen zu ermöglichen.

Inwieweit haben die ersten fünf Jahre von Giereks Herrschaft, die die meisten als recht glücklich empfanden, Polen dem westlichen Europa näher gebracht und dem östlichen Europa entfremdet? Auslandsreisen und Migration trugen dazu bei, daß sich die Kenntnisse über den jeweils anderen vergrößerten, sowohl der Westeuropäer über Polen als auch der Polen über Westeuropa. In Polen wußte man nun mehr über die realen Lebensbedingungen im Westen. Am ehesten wurden die vollen Geschäfte wahrgenommen, außerdem das allgemeine Einkommensniveau, das im Vergleich zu Polen beeindruckend hoch war, sowie schließlich die hohe Arbeitskultur und wirtschaftliche Produktivität. Sehr viel weniger erfuhr man über das Wirtschaftssystem, die Politik oder die Kultur Westeuropas.

Haben denn die Westeuropäer die Realitäten und Probleme Polens besser verstehen gelernt? Ja, wenn wir vom wissenschaftlichen und kulturellen Umfeld sprechen, eher nein, wenn wir uns auf die breite Bevölkerung beziehen. Die Gastarbeiter waren damit beschäftigt, eine Verdienstmöglichkeit zu finden. Weder kannten sie die Sprache des Landes, in dem sie arbeiteten, noch besaßen sie umfangreichere private Kontakte. Jene, die nach Westdeutschland emigrierten, die sogenannten Spätaussiedler, erzählten nicht viel von dem Land, aus dem sie kamen. Ihre Situation machte es erforderlich, den Entschluss zur Ausreise mit den Schattenseiten des Lebens in Polen zu erklären.

In dieser Zeit mehrten sich auch die Kontakte, die Polen mit einigen osteuropäischen Nationen unterhielten. Der steigende Lebensstandard ermöglichte einer deutlich größeren Zahl polnischer Touristen, ihre Ferien in Bulgarien und Ungarn zu verbringen, und Anfang 1972 wurde die Grenze zur DDR geöffnet. Die Behörden verhielten sich zumeist nachsichtig gegenüber den zunehmenden illegalen Handelsaktivitäten, die zur Voraussetzung hatten, daß man Geschäftspartner im Ausland kennenlernte. Manchmal ließ sich hierbei das Verständnis für andere Ostblockländer in einer Weise vertiefen, die über Kenntnisse des Schwarzmarkthandels hinausging. Die Besonderheiten dieses Geschäftsfeldes, dem ständig Güterkonfiszierungen oder härtere Strafen drohten, boten jedoch auch unehrlichen und zwielichtigen Figuren neue Chancen. Mitunter wurden Händler zu den bekanntesten Vertretern Polens in den Ostblockländern.

Mitte der siebziger Jahre begann das technokratische und auf Konsum bedachte Programm der Regierung Gierek, sein Versagen zu offenbaren. Das Land war verschuldet. Es zeichneten sich kaum Perspektiven ab, die ausländischen Kredite zurückzahlen zu können, da sich die Konjunktur weltweit verschlechterte. Der Import moderner Technologien bot keine Garantie dafür, daß die Qualität der Erzeugnisse und die Produktivität der Arbeit internationale Standards erreichten, solange die zentrale Wirtschaftslenkung beibehalten wurde. Noch dazu weckten die Öffnung Polens nach Westen und seine hohe Verschuldung ernstliche Bedenken in Moskau.

Um den sowjetischen Schutzherren seine Loyalität zu versichern, beschloß das polnische Regierungskabinett im Jahr 1975, die Verfassung zu ändern und darin unter anderem die Verpflichtung zu einem dauerhaften Bündnis mit der UdSSR sowie die führende Rolle der kommunistischen Partei festzuschreiben. Doch hatte man übersehen, daß die intellektuellen Milieus in Polen zu neuem Leben erwacht waren. Vor 1968 hatten sie eine wesentliche Rolle bei den Reformbestrebungen des kommunistischen Systems gespielt. Nach der Niederlage hatten sie jedoch den Glauben an eine solche Möglichkeit verloren. Politische Apathie war die Folge. Nun wurde die Frage der Verfassungsänderung zu einem Katalysator des Protests sowie zur Motivation, nach einem neuen Programm zu suchen.

Den Täuschungen des Revisionismus gab man sich nicht länger hin, sah aber auch keine Möglichkeit zu einer einmaligen, groß angelegten Systemtransformation. Adam Michnik bezeichnet diese im Entstehen begriffene Konzeption als »neuen Evolutionismus«. Dieser beruhte auf der Idee, nicht innerhalb des kommunistischen Systems tätig zu werden, sondern außerhalb, nicht legal, aber öffentlich. Die Aktivitäten sollten anfänglich auf die intellektuellen und gesellschaftlichen Eliten gerichtet sein und erst auf längere Sicht breitere Bevölkerungsschichten erreichen. Dies erinnert an westeuropäische Bemühungen, alternative Bewegungen zu schaffen, wenngleich die Voraussetzungen dafür in Polen ganz andere waren. Hier mußte man damit rechnen, daß bürgerliche Freiheiten fehlten und Repressionen verhängt wurden.

Einen starken Anreiz, den Protests gegen die Verfassungsänderung in eine Oppositionsbewegung zu verwandeln, stellte der nächste gesellschaftliche Konflikt dar, der den Arbeitern der Großindustrie eine Hauptrolle zudachte. Angesichts der Gefahr, daß der Binnenmarkt zusammenbrechen könnte, verkündete die Regierung im Juni 1976 eine Preisanhebung für verschiedene Lebensmittel. Daraufhin brachen spontane Streiks und an drei Orten gewaltsame Unruhen aus, am heftigsten in Radom.

Die Antwort der Machthaber war diesmal eine andere als 1956 und 1970. Zwar wurden die Unruhen wieder brutal unterdrückt, ihre Teilnehmer inhaftiert und misshandelt, aber Schußwaffen kamen nicht mehr zum Einsatz. Außerdem wurde auf die angekündigten Preiserhöhungen sofort verzichtet. Diese Vorgehensweise entsprach zwar immer noch nicht westeuropäischen Normen, aber sie unterschied sich doch bereits deutlich von dem, was sonst im Osten üblich war. Die kommunistischen Machthaber Polens verzichteten schnell auf ihr Vorhaben, weil sie unter den Druck des Arbeiteraufstandes gerieten, aber auch, weil sie fürchteten, eine schärfere Konfrontation mit dem eigenen Volk könnte die wirtschaftlichen Beziehungen zu westeuropäischen Ländern belasten. Von einer Senkung des Haushaltsdefizits nahm man Abstand, und so blieb nichts anderes übrig, als auf das Wohlwollen westlicher Kreditgeber zu hoffen.

Die Ereignisse von 1976 beeinflussten die sich formierende Opposition auf zweierlei Weise. Erstens regte sich unter Verweis auf die Menschen- und Bürgerrechte Protest gegen die Behandlung der Arbeiter. Es wurden mehrere Hilfsaktionen für die Verhafteten und Abgeurteilten ins Leben gerufen. Zweitens wurde das Programm des »neuen Evolutionismus« um ein Element ergänzt, das bislang fehlte: nämlich die Überzeugung, daß die einzige Kraft, die eine Chance besaß, Änderungen zu bewirken, die Arbeiter der großen Industriebetriebe seien. Die Intellektuellen sollten ihnen dabei behilflich sein und gemeinsam mit ihnen ein Aktionsprogramm entwickeln. Die Zielrichtung wurde bereits im Namen der neu geschaffenen Organisation sichtbar: »Komitee zur Verteidigung der Arbeiter« (Komitet Obrony Robotników, KOR). Drei Jahre später brachte Jacek Kuroń dies auf die Kurzformel: Statt Parteikomitees anzuzünden solle man lieber eigene Arbeiterkomitees gründen.

Der Glaube an die potentielle Macht der Arbeiter ist eine Sache, die realen Verhältnisse sind eine andere. Der Einfluß der Opposition – in ihren Reihen entstanden immer neue Organisationen, die sich eher aufgrund ihrer Ideologie als durch Aktionsprogramme unterschieden – reichte nicht sehr weit über einen engen Kreis von Intellektuellen und Studenten hinaus. In der Hauptsache war man damit beschäftigt, Schriften zu publizieren. In einem Land mit obligatorischer Zensur wurden sie heimlich redigiert und vertrieben. Nur eine kleine Gruppe von Anführern der neuen Opposition zeichnete namentlich als Autoren. Die übrigen fürchteten das Risiko, aus wissenschaftlichen und kulturellen Einrichtungen entlassen oder bei den legalen Verlagen mit einem Publikationsverbot belegt zu werden.

Die internationale Problematik, darunter die europäische, wurde in den Publikationen der Opposition recht selten behandelt. Größte Aufmerksamkeit widmeten sie hingegen der Lage in den Ostblockländern – einschließlich der Sowjetunion –, wobei natürlich die Oppositionellen und Dissidenten im Mittelpunkt der Betrachtungen standen. Es existierte ein Bewusstsein dafür, daß die Menschen dieser Länder ein gemeinsames Schicksal teilten. Über das Verhältnis zum Westteil Europas wurde wenig geschrieben. Doch es besteht kein Zweifel: Als Vorbild akzeptierten die oppositionellen Milieus fast nur das politische System des Westens. Allerdings sahen sie keine Chance, es in absehbarer Zeit auf Polen übertragen zu können. Ferner gab es da noch eine gewisse Form der Selbstzensur, die recht gut funktionierte und in der Angst wurzelte, daß die offene Befürwortung des Westens dazu führen könnte, als Landesverräter beschuldigt zu werden.

Lediglich Jacek Kuroń wagte es, unter eigenem Namen in aller Öffentlichkeit das Wort zu ergreifen und schlug vor, eine »Finnlandisierung« Polens als Oppositionsprogramm zu diskutieren. Dies stieß innerhalb der eigenen Reihen auf Widerspruch. Den einen erschien ein solches Programm unrealistisch, den anderen zu minimalistisch. Zwar existierte ein breiter, stiller Konsens darüber, daß Polen seine Unabhängigkeit und das Recht, im internationalen Umfeld frei entscheiden zu können, erlangen müsse. Doch dies hielten die meisten nur im Zuge eines grundlegenden Wandels der gesamteuropäischen Verhältnisse für möglich.

Größere Unsicherheiten offenbarte die Opposition in ihren Vorstellungen über ein künftiges Wirtschaftsmodell. Es gab durchaus Hoffnungen, für Polen einen »dritten Weg« zwischen Kapitalismus und Sozialismus zu finden. Manchmal waren solche Ansichten von der Überzeugung geleitet, daß nur eine teilweise Änderung der kommunistischen Wirtschaft möglich sei, eine vollständige jedoch nicht. Manche glaubten auch, daß ein »dritter Weg« günstiger sei, als eine kapitalistische Wirtschaftsweise.

Zu dieser Zeit standen bereits alle kommunistischen Länder mit dem Rücken zur Wand, was ihre wirtschaftliche Situation anbelangte. Die kommunistische Herrschaft nahm, im Vergleich zu früher, relativ liberale Züge an. Im Allgemeinen vermied man harte Repressionen, um nicht die öffentliche Meinung im Westen gegen sich aufzubringen. Auch westliche Politiker mußten Rücksicht auf diese nehmen, obwohl sie es als unumstößliche Tatsache ansahen, daß die kommunistischen Staaten fortbestehen würden. Eine allzu repressive Politik hätte Sanktionen der westlichen Länder nach sich gezogen. In kleinen Schritten näherten sich die Regierungs-Grundsätze im östlichen Teil Europas denen, die im Westen praktiziert wurden, an. Dennoch schienen beide Blöcke noch Jahrzehnte voneinander entfernt zu sein.

In der zweiten Hälfte der siebziger Jahre wurde die Opposition in Polen durch den Wandel der internationalen Verhältnisse begünstigt. Im Hinblick auf den Umfang, in dem die polnische Wirtschaft von den westlichen Staaten abhängig war, fielen die Maßnahmen gegen die Oppositionen milde aus. Allerdings kam es nach wie vor zu kurzen Inhaftierungen. Und es konnte passieren, daß weniger bekannte Oppositionelle unter ungeklärten Umständen zu Tode kamen.

Das kommunistische Regime in Polen setzte alles daran, um zu verhindern, daß die Oppositionellen die großen gesellschaftlichen Gruppen, die Arbeiter und Bauern, erreichten. Sie schien damit ganz erfolgreich zu sein. Einige der neu gegründeten, illegalen Gewerkschaften besaßen kaum zehn, zwanzig Mitglieder, und auf dem Land konnte die Opposition nur in wenigen Ortschaften Fuß fassen. Die Zukunft sollte jedoch zeigen, daß die Behörden bei ihrer optimistischen Lageeinschätzung von falschen Voraussetzungen ausgegangen waren.

Die organisatorischen Erfolge der Opposition waren viel schwächer als der Einfluss ihrer Ideen auf die Arbeiterschaft in der Großindustrie. Nach den Jahren 1956, 1970 und 1976 wurde sie sich ihrer eigenen Kraft immer bewusster, und zugleich war sie enttäuscht von der Kurzlebigkeit der bisherigen Erfolge. Daher fand die Forderung, unabhängige Gewerkschaften zu gründen, bei ihnen sofort Anklang. Man empfand es als notwendig und sinnvoll, spontane Unmutsäußerungen zu kanalisieren und den Gang der Ereignisse nachhaltig zu kontrollieren. Dies bedeutete, auf den Weg zurückzukehren, den die sozialen Bewegungen in Europa eingeschlagen hatten, eine Rückkehr auch auf den polnischen Weg der Zwischenkriegszeit. Was jedoch fehlte war eine Instanz, die das, was bereits im Bewusstsein der Menschen angelangt war, in konkrete organisatorische Maßnahmen übersetzte.

Im Sommer 1980 begann ein mehrjähriger Prozess, in dessen Verlauf die Teilung Europas überwunden wurde. Dies läßt sich jedoch erst aus der zeitlichen Distanz erkennen. In Polen waren eigentlich alle überrascht: die Regierenden, die Opposition, die Bevölkerung. Das Tempo der Veränderungen sowie die Aktivierung verschiedener gesellschaftlicher Gruppen ging weit über die bisherigen Erwartungen beziehungsweise Befürchtungen hinaus. Die große, friedliche Streikwelle dieses Jahres war ihrem Wesen nach anders als die früheren Gesellschaftsbewegungen in kommunistischer Zeit, sowohl in Polen als auch in anderen Ostblockländern.

Fast blitzartig erhielt der Protest einen organisatorischen Rahmen: Es bildeten sich Komitees, die ganze Städte, sogar Regionen umfaßten. Wenig später wurden Forderungskataloge erarbeitet. Im Hauptzentrum der Ereignisse, der Danziger Küstenregion, wurde der Ruf nach Gründung unabhängiger Gewerkschaften laut. Die Streikenden – das war deutlich zu merken – gehörten mit ihrer friedlichen und organisierten Vorgehensweise, mit ihrem durchdachten Programm und ihrer auf die Gegenwart und Zukunft gerichteten Weitsicht eher dem westlichem als dem östlichen Erfahrungskreis der Europäer an.

Auch die Reaktion der regierenden Kommunisten war anders als die, die man von früher her kannte. Sie verzichteten auf brutale Befriedungsaktionen und führten Verhandlungen. In deren Verlauf wurden Zugeständnisse gemacht, die über den Rahmen dessen, was das Funktionieren des Systems regelte und sicherte, hinausgingen. Die Machthaber gaben ihr Monopol auf legale politische Aktivitäten auf und willigten in die Gründung unabhängiger Gewerkschaften ein. Auf diese Weise entstand die »Solidarność« (Solidarität), die mehrere Millionen Mitglieder besaß. Formal gesehen nur ein Gewerkschaftsverband, wurde sie tatsächlich zu einer organisierten Bewegung von gesellschaftlicher und politischer Relevanz.

Die polnische Streikbewegung von 1980 und die Solidarność unterschieden sich jedoch auch von zahlreichen Erscheinungen, die zur selben Zeit in Westeuropa auftauchten, und zwar in mannigfacher Hinsicht. Keine einzige Protest- oder Bürgerbewegung im Westen nahm solche Ausmaße wie die in Polen an, und nirgendwo wurde eine ähnlich mitgliederstarke Organisation wie Solidarność geschaffen. Zwar erlebte man auch in Westeuropa öfters Arbeiter- und Bauernproteste, manchmal sogar Generalstreiks, aber sie stellten eher Warnungen und Gesprächsaufforderungen dar als eine ernsthafte Bedrohung der gesellschaftlichen Ordnung. Solidarność war eine genuin alternative Bewegung – die westlichen Gewerkschaften und Bauernverbände hingegen Teil des Systems. Im Westen besaßen alternative Bewegungen in der Regel einen begrenzten gesellschaftlichen Rückhalt, sie erreichten nur wenige Menschen und umfaßten vor allem Intellektuelle und junge Leute.

Hatte Europa damals die Reichweite der Geschehnisse in Polen erkannt? Für die Zeitgenossen im Westen waren die Ereignisse eine überraschende, polnische Besonderheit. Schon sehr viel besser hat man ihre tiefe Bedeutung im kommunistischen Ostblock erkannt, und zwar überall. Die Politiker der östlichen Hemisphäre waren äußerst beunruhigt, einige sannen sogar auf eine militärische Intervention in Polen. In den Oppositions- und Dissidentenkreisen weckte das, was in Polen passierte, dagegen Interesse und Hoffnungen.

In Osteuropa herrschte allerdings auch die Überzeugung vor, daß Solidarność keine Aussicht auf Erfolg beschieden sei. Oft ging dies mit einer Abneigung gegen die Polen einher, die von der offiziellen Propaganda in den sozialistischen »Bruderländern« noch befördert wurde. Man bemühte das Stereotyp der polnischen Anarchie und Faulheit und stempelte diese zur eigentlichen Ursache der fortwährenden Streiks. Es tauchten zudem Befürchtungen auf, daß die Menschen in den übrigen Ostblockländern für die polnische Wirtschaftskrise, an der man Solidarność die Schuld gab, geradezustehen hätten, da sie die finanziellen Lasten möglicher Wirtschaftshilfen an Polen tragen würden.

In Westeuropa und vor allem in der Bundesrepublik ging hingegen die Angst um, daß die polnischen Vorfälle den Grundsatz der friedlichen Koexistenz von West und Ost, den man in Helsinki vereinbart hatte, gefährden könnten. Einerseits, weil sie in Polen selbst zum Ausbruch bürgerkriegsähnlicher Zustände führen könnten. Andererseits, weil hiermit ein Anlaß zur militärischen Intervention von Staaten des Warschauer Paktes geschaffen würde. In beiden Fällen wäre der Öffentlichkeit und Politik im Westen nichts anderes übrig geblieben, als den Einsatz von Gewalt zu verurteilen und den Prozeß der europäischen Ost-West-Verständigung einzufrieren. Dies wiederum hätte den Frieden in Europa bedroht.

Man war bereit anzuerkennen, daß die westeuropäischen Normen für eine Situation, wie sie im Osten herrschte, unpassend waren. Demokratie, Menschenrechte, Bürgerrechte und staatliche Souveränität – diese grundlegenden Werte westeuropäischen Selbstverständnisses ordnete man der Friedenswahrung unter. Zum Wohle des Friedens auf dem ganzen Kontinent sollte sich das östliche Europa einem System aus Diktatur und äußerer Gewalt beugen und lediglich hoffen dürfen, daß es sich irgendwann einmal langsam vom Kopf her wandeln könnte.

Am fragwürdigsten war in diesem Zusammenhang die Überzeugung, daß eine Regierung, die von der Mehrheit ihrer Bevölkerung nicht akzeptiert wurde, tatsächlich einen dauerhaften Beitrag zur Friedenssicherung in Europa leisten könne. Glaubte man denn, das Thema Frieden auf internationaler Ebene von der Lage der Menschen in einem genötigten Land abkoppeln zu können, wo sich deren Unzufriedenheit jederzeit zu entladen drohte?

Der Kontext, in dem die Streiks ausbrachen und in dem später die Solidarność tätig war, begünstigte nicht gerade ihre Wahrnehmung als europäisches Phänomen. Durch den Gebrauch von weiß-roten Flaggen und Armbinden erhielt die Bewegung schnell einen nationalen Charakter – und durch Kreuze, gemeinsame Gebete und Gottesdienste eine religiöse, oder besser gesagt, eine katholische Färbung.

Solidarność hütete sich lange Zeit vor Stellungnahmen zu internationalen Fragen. Dies geschah aus rein pragmatischen Gründen. Man wollte durch Äußerungen, die nicht im Einklang mit der kommunistischen Staatsräson standen, keinen Anlaß für eine Invasion bieten.

Die Wende in der Zurückhaltung bei allen internationalen Fragen brachte der Solidarność-Beschluß vom 8. September 1981, eine »Botschaft an die Menschen der Arbeit in Osteuropa« zu richten. Die Initiatoren der Botschaft riefen alle Länder des Ostblocks dazu auf, den Kampf um freie Gewerkschaften zu beginnen. Obwohl der Sinn dieses Schrittes selbst innerhalb der Solidarność umstritten war, besaß er eine ungeheure Bedeutung, weil er den Ereignissen in Polen einen universelleren Charakter verlieh. Solidarność sollte zum Prototyp einer Bewegung werden, die nicht alleine Polen, sondern einen beträchtlichen Teil des europäischen Kontinents erfaßt.

Solidarność vermied es auch, ein eindeutiges Wirtschaftsprogramm zu präsentieren, teils aus weltanschaulichen Überzeugungen, teils aus politischem Pragmatismus. Unter ihren Protagonisten befanden sich nicht wenige, deren Denken von der Auffassung geprägt war, daß umfangreicher Privatbesitz dem Grundsatz sozialer Gerechtigkeit widerspreche. Diese Ansicht fand in der breiten Masse der Bevölkerung sogar noch weitaus größeren Rückhall als unter führenden Solidarność-Vertretern.

Zwar erkannten manche oppositionelle Politiker und deren Wirtschaftsberater die Überlegenheit der privaten Marktwirtschaft an. Aber sie hielten es für unmöglich, eine solche in Polen einzuführen. Solange man davon ausging, daß politische, wirtschaftliche und gesellschaftliche Veränderungen in Polen durch Druck von unten zu erreichen seien, aber das System als solches sich nicht beseitigen ließe, solange war es auch schwierig, ein kommunistisches Dogma wie den staatlichen oder volkseigenen Besitz in grundlegenden Wirtschaftsbereichen in Frage zu stellen.

Beide Faktoren, der weltanschauliche und der pragmatische, erklären, warum der konzeptionelle Ansatz, Staatseigentum und neu zu schaffende Arbeiterselbstverwaltungen, die in den Betrieben eine entscheidende Rolle spielten, miteinander zu verbinden, unter Solidarność-Anhängern so große Popularität erlangte. Ein solches System existierte nirgends in Europa – mit Ausnahme von Jugoslawien, wo es allerdings deutliche Schwächen aufwies. Lag so ein »dritter Weg« durch seine eher markwirtschaftlichen und wirtschaftsbürokratiefeindlichen Tendenzen der westeuropäischen Ökonomie näher als dem kommunistischen Wirtschaftssystem? Das ist eine diskussionswürdige Frage.

Je länger die Solidarność legal tätig war, umso klarer sah man, daß die entstandene Situation mit den Grundregeln des kommunistischen Systems unvereinbar war. Die Grenzen seiner Reformfähigkeit wurden überschritten. Weder die Vorgehensweise von Solidarność, die auf jegliche Gewalt verzichtete, noch die Politik der kommunistischen Machthaber, die nur gelegentlich von ihren Möglichkeiten Gebrauch machten, ließen hoffen, daß sich eine Lösung finden werde. Am düsteren politischen Horizont zeichnete sich immer deutlicher ab, daß die Anwendung von Gewalt nicht mehr fern lag und daß das Regime versuchen würde, die viele Millionen Anhänger umfassende Bewegung zu ersticken.

Aus der Perspektive der westeuropäischen (aber auch amerikanischen) Politik hielt man eine Intervention in Polen, die von außen kam, nach den Helsinki-Beschlüssen für unzulässig. Zwar konnte eine gewaltsame Zerschlagung von Solidarność den polnischen Kommunisten einiges an Kritik einbringen, doch weiterreichende Konsequenzen hätte dies wohl nicht gehabt. Jegliche Kritik wäre fast ausschließlich auf die polnische Partei zurückgefallen – der Hegemon des Ostens, die Sowjetunion, und seine Satellitenstaaten wären hingegen unbehelligt geblieben. Der Ausweg über das Kriegsrecht, der in Moskau und Warschau bereits in den ersten Monaten des Jahres 1981 als Plan beschlossen und danach gründlich vorbereitet wurde, wahrte also in gewissem Sinne die Normen, die der Westen dem Ostteils des Kontinents zuschrieb und auch zugestand. Was in Griechenland, Spanien oder Portugal nicht mehr akzeptabel war, glaubte man in Polen – und nötigenfalls in jedem anderen Staat des Ostblocks – tolerieren zu müssen. Zwar rief die Verhängung des Kriegsrecht moralische Empörung hervor, doch politisch traf sie bei vielen auf Verständnis. Zahlreiche westeuropäische Politiker teilten die Ansicht des deutschen Bundeskanzlers Helmut Schmidt (wenn auch nicht in dessen Offenheit): In seiner ersten Stellungnahme äußerte er lediglich sein Bedauern darüber, daß sich eine solche Lösung »als notwendig erwiesen« habe.

Aber hatten sich in den vorangegangenen Jahren nicht auch die osteuropäischen Normen verändert? Jeder, der die polnische »Normalisierung« vom Dezember 1981 mit der tschechoslowakischen »Normalisierung« nach dem sowjetischen Einmarsch 1968 oder gar mit den ungarischen und ostdeutschen Ereignissen von 1956 beziehungsweise 1953 vergleicht, sieht die Unterschiede. Zwar zeigten sie sich oft nur fragmentarisch, dennoch begannen jetzt Regeln zu greifen, die tatsächlich als »europäisch« gelten dürfen. Die Beschlüsse von Helsinki waren hinsichtlich der Menschen- und Bürgerrechte keine bloße Fiktion, wie es die kommunistischen Politiker, die dieses Vertragswerk unterzeichneten, gehofft hatten und wie die Bürgerrechtler im Osten und Westen befürchteten.

Dies war nicht das Ergebnis eines grundlegenden Mentalitätswandels bei der Mehrheit der kommunistischen Politiker, der in einer so kurzen Zeitspane auch kaum möglich gewesen wäre. Es fehlten keineswegs die Mittel, um eine ähnlich repressive »Normalisierung« durchzuführen wie in der Tschechoslowakei. Der Grund lag vielmehr im Wesen der Übereinkünfte, mit denen man die friedliche Koexistenz in Europa vereinbart hatte. Man hatte sich im Prinzip auf ein bedeutendes wirtschaftliches und politisches Tauschgeschäft geeinigt: Ihr öffnet uns den Weg zu eurer Technologie, zu euren Krediten und Märkten, sagten die Kommunisten zu den westlichen Politikern – und die westlichen Politiker stimmten zu, unter der Bedingung, daß die Gegenseite zumindest ein Minimum an europäischen Verhaltensregeln respektiert. Von Einführung der Demokratie war nicht die Rede, aber zu diesem Minimum zählte immerhin der Verzicht auf extreme Formen massenhafter Repression. Es ging dabei nicht nur um Erschießungen – die hatte es schon 1968 in der Tschechoslowakei nicht mehr gegeben –, sondern darum, den Kreis verfolgter Personen einzuschränken, die Würde politischer Gefangener zu achten, Ungehorsam nicht mit Berufsverbot zu ahnden und den Familien der Oppositionellen ein sicheres Leben zu ermöglichen.

Die regierenden Kommunisten wollten sich nicht immer auf jenes Minimum europäischer Verhaltensmuster einlassen. Um den Widerstand, der sich gegen das Kriegsrecht formiert hatte, zu brechen, wurden Schußwaffen gegen die Streikenden eingesetzt. Unter den Bergleuten gab es Todesopfer. In späteren Monaten und Jahren hat die Staatsmacht immer wieder ungenehmigte Demonstrationen brutal auseinanderjagen lassen, auch hierbei waren manchmal Tote zu beklagen. So wie Ende August 1982, als im niederschlesischen Lubin auf Demonstranten geschossen wurde.

Zwar wurden Regimegegner nicht hingerichtet, aber es gab einige ungeklärte Todesfälle. Manche sahen nach fingiertem Selbstmord aus, in anderen Fällen starben die Opfer an den Folgen von Schlägen, die ihnen unbekannte Täter zugefügt hatten. Allerdings gelang es nicht, den Mord an dem Priester Popiełuszko zu vertuschen, der in seinen Predigten die in die Illegalität abgedrängte Solidarność unterstützt hatte.

In gewisser Weise trug die Verhängung des Kriegsrechtes dazu bei, Polen im Bewusstsein der Westeuropäer zu verankern. Unabhängig davon, ob dieser Schritt als Notwendigkeit oder Machtmißbrauch gedeutet wurde, hegten doch viele Menschen Sympathien für ein Volk, daß sich mit dem Verlust seiner Freiheit nicht abfinden wollte. Zwar konnte man den Polen nicht helfen, ihre Freiheit wiederzuerlangen, dennoch fehlte es nicht an Gesten, die sie moralisch unterstützen und ihnen helfen sollten, den Alltag besser zu ertragen.

So sahen die Rahmenbedingungen vieler Hilfsaktionen aus, die in zahlreichen westlichen Ländern anliefen und vor allem in der Bundesrepublik große Resonanz fanden. Tausende schickten Pakete nach Polen, ganz gleich, ob ihnen die Empfänger bekannt waren oder nicht, und finanzierten Hilfslieferungen, die von humanitären und kirchlichen Verbänden vorbereitet wurden. Einerseits zeugten diese Aktionen von der Mentalität der Schenkenden, andererseits beeinflußten sie das Denken der Menschen in Polen ganz erheblich. Zum ersten Mal seit dem Zweiten Weltkrieg empfingen sie deutliche Zeichen der Solidarität von jenen Europäern, denen es nach dem Krieg besser ergangen war als ihnen.

Das Kriegsrecht dauerte formal anderthalb Jahre. Doch weder diese noch die folgenden Jahre der kommunistischen »Normalisierung« brachten Polen der osteuropäischen Normalität näher. Im Gegenteil, der Ostblock begann, sich den polnischen Zuständen anzugleichen, auch wenn er noch weit hinter diesen zurücklag. Seit Dezember 1981 war Polen das Land einer verbotenen Organisation, die zwar deutlich weniger Mitglieder besaß als noch in den Monaten zuvor, aber ihren Massencharakter gleichwohl nicht verloren hatte. Und Polen war das Land der Massenopposition, vor allem der Solidarność. Diese Opposition war nicht mehr bereit, sich auf den Stand von vor Sommer 1980 zurückzuziehen.

In den übrigen Ländern des Ostblocks entwickelten sich allmählich Oppositions- und Dissidentenbewegungen, auch wenn sie nirgends die Massen erreichten. An Bedeutung gewannen die Charta 77 in der Tschechoslowakei, im kirchlichen Umfeld agierende Milieus in der DDR, Intellektuellengruppen in Ungarn sowie Verfechter von Menschen- und Bürgerrechten, aber auch von religiösen und nationalen Freiheiten in der Sowjetunion. Ansatzweise zeigte sich sogar in Bulgarien und Rumänien eine Opposition.

Es bildete sich eine eigentümlich osteuropäische Politikkultur heraus, die erheblich vom polnischen Vorbild beeinflusst war. Die kommunistischen Systeme wurden faktisch pluralistisch. Dieser Pluralismus war illegal, obwohl er massiv an die Öffentlichkeit ging. Die Opposition unterlag zwar weiterhin Repressionen, wurde aber nicht zerschlagen. Das organisatorische und mediale Monopol der Kommunisten bekam tiefe Risse. War es ihnen seit Mitte der fünfziger Jahre schon schwer gefallen, ihre totalitären Absichten umzusetzen, gaben sie es nunmehr auf, sie noch länger zu verfolgen. Dies zog eine Verschärfung der Krise in den kommunistischen Staaten nach sich.

Auch in anderer Hinsicht ließen sich die polnischen Kommunisten auf einen begrenzten Pluralismus ein. Da sie sich ihrer wachsenden Schwäche bewußt waren, suchten sie den Kompromiß mit der katholischen Kirche.

Nun tolerierte man vielfältige Formen kirchlicher Tätigkeit und behinderte den Religionsunterricht für Jugendliche oder den Bau von Gotteshäusern in neuen Siedlungen nicht mehr so stark wie früher. Gegen die mannigfaltigen Veranstaltungen der Opposition, die unter dem Schutz der Kirche stattfanden, gingen die Staatsorgane außerdem nicht mehr so hart vor, besonders dann, wenn sie kulturellen Charakter hatten.

Schritt für Schritt wurden die Repräsentanten der Kirche regelrecht als politische Gesprächspartner anerkannt. Damit entfernte sich die Kirche zwar weit vom Grundsatz, religiöse und politische Fragen zu trennen, wie ihn der westeuropäische Katholizismus pflegte. Aber dieses spezifisch polnische Arrangement war ebenso weit von der Situation in den übrigen Teilen Osteuropas entfernt, wo man sich mühte, die Kirche entweder den kommunistischen Machtinteressen unterzuordnen oder sie an den Rand des öffentlichen Lebens zu drängen.

Noch immer hinkte Osteuropa der politischen Kultur in den westlichen Länder hinterher. Die Distanz verringerte sich jedoch zusehends. Dies kam auch in neuen judiziellen Institutionen zum Ausdruck. In Polen wurde 1985 ein Verfassungsgericht und 1987 das Amt eines »Beauftragten für Bürgerrechte« geschaffen. Daß es sich hierbei nicht nur um eine vorgetäuschte Systemkorrektur handelte, bezeugten die Personalentscheidungen: Als erste Inhaberin des neuen Amtes wurde eine Professorin der Rechtswissenschaften nominiert, die für ihre unabhängigen, wenn auch nicht unbedingt oppositionellen Ansichten bekannt war.

In Polen und einigen anderen Ländern des Ostblocks veränderten sich sogar die ökonomischen Ansichten der Nomenklatur, was seinen Niederschlag weniger in konkreten Entscheidungen als vielmehr in ideellen Aspekten fand. Selbst viele kommunistische Politiker wurden zu Befürwortern eines Wandels. In der polnischen Regierung sprach man immer häufiger davon, daß es nötig sei, zur Marktwirtschaft überzugehen und die Betriebe wenigstens teilweise zu privatisieren.

Nach und nach wurden dann praktische Maßnahmen ergriffen, die später für gewöhnlich als »Eigentumsübertragung an die Nomenklatur« bezeichnet wurden. Dank ihrer politischen Stellung profitierten Personen oder Familien, die mit dem Regierungslager verbunden waren, in besonderer Weise von der Privatisierung. Der polnische Kapitalismus feierte seine Wiederauferstehung. Sicherlich hätte Karl Marx diese »Eigentumsübertragung an die Nomenklatur« als spezifische Form »ursprünglicher

Akkumulation« betrachtet. Ob es hier mit rechten Dingen zuging oder nicht, auf jeden Fall brachte dies die polnische Ökonomie europäischen Wirtschaftsformen langsam näher. Zunächst fehlte es jedoch an Visionen, wie das künftige Wirtschaftssystem aussehen solle. Wahrscheinlich schreckte man vor dieser Frage zurück, um das öffentliche Eingeständnis, daß der planwirtschaftliche Weg des Kommunismus ins Fiasko geführt habe, so weit wie möglich hinauszuschieben.

Auch die Ansichten der Opposition veränderten sich, viel radikaler als bei der breiten Masse der Bevölkerung. Einige polnische Ökonomen sprachen sich immer offenherziger für ein Programm zur Einführung der freien Markwirtschaft und Privatisierung aus. Dabei war sicherlich die Überzeugung von Bedeutung, daß die Krise des kommunistischen Regimes früher oder später in den Zusammenbruch führen werde. Da nun selbst Kommunisten das Dogma der Verstaatlichung der Wirtschaft in Frage stellten, schwand die Furcht, für diese extreme Form der Häresie gemaßregelt zu werden. Schon einige Jahre vor der Wende begann deshalb eine Gruppe um Leszek Balcerowicz, Pläne für notwendige Veränderungen vorzubereiten. Der Leitgedanke dieser programmatischen Arbeit lautete, auf Polen all jene Regeln des Wirtschaftslebens zu übertragen, die sich in Westeuropa bewährt hatten. Weitere Experimente, wie die Suche nach einem »dritten Weg«, lehnte man ab.

Die Ereignisse in Polen stellten einen der wichtigsten Faktoren für den Bewußtseinswandel kommunistischer Politiker in anderen Ländern des Ostblocks dar, vor allem in der Sowjetunion. Die Perestrojka Gorbatschows resultierte unter anderem aus der Notwendigkeit, einen Ausweg aus dem politischen, gesellschaftlichen und ökonomischen Dilemma der gesamten sowjetisch dominierten Hemisphäre zu finden. Ohne umfassende Repressionen ließen sich die Regeln des kommunistischen Systems einfach nicht mehr länger durchsetzen, besonders in Polen nicht. Aber massive Unterdrückungsmaßnahmen hätten den Verständigungsprozeß, der in Helsinki eingeleitet worden war, empfindlich gestört. Das Festhalten am Helsinki-Prozess war jedoch für die Sowjetunion, die immer tiefer in eine Wirtschaftskrise abglitt, unumgänglich. So wurde die Situation in Polen zu einem Katalysator für die Perestrojka – und umgekehrt beschleunigte die Perestrojka den weiteren Wandel in Polen.

Noch einmal kam dabei eine polnische Eigenheit zum Vorschein. Ähnlich wie einst Chruschtschow, stellte sich nun auch Gorbatschow vor, daß die Veränderungen des kommunistischen Systems stufenweise verlaufen und von oben dekretiert werden sollten. Die Macht der polnischen Kommunisten war jedoch viel zu schwach, um die weitere Entwicklung kontrollieren und koordinieren zu können. Dies mag erklären, warum sie die Ideen der Perestrojka anfangs ohne Enthusiasmus zur Kenntnis nahmen. Unter dem Druck der Wirtschaftskrise und angesichts einer wiedererstarkenden Oppositionsbewegung entschlossen sie sich am Ende, die sowjetische Politik eines Wandels, der von oben verordnet wird, anzunehmen. Trotzdem waren sie schon bald nicht mehr Herren der Lage.

Hatte man in Westeuropa verstanden, daß die Perestrojka der letzte, äußerst unsichere Rettungsanker des Kommunismus war und an sein innerstes Wesen rührte? Solchen Erkenntnissen war die breite Masse der westeuropäischen Bevölkerung abhold, und nicht nur sie, sondern auch die meisten Politiker. Davon zeugte die gänzlich unreflektierte, enthusiastische »Gorbimanie«. Im westeuropäischen Bewusstsein war die Existenz des kommunistischen Blocks, der sich um die Sowjetunion drehte, eine ebenso unumstößliche Tatsache wie das Ptolemäische Weltbild in früheren Jahrhunderten. Auf den Gang der Ereignisse in Polen schaute man durch das Prisma der Perestrojka. Man sah in ihnen sowohl ein Ergebnis der russischen Reformpolitik als auch eine potentielle Gefahr für den Kurs Gorbatschows.

Die Streikwelle von 1988 erreichte in Polen bei weitem nicht mehr das Ausmaß wie am Beginn der achtziger Jahre. Sie mußte jedoch als Warnung verstanden werden und zwang die polnischen Kommunisten, in ihren Reaktionen von sich aus offensiv über das hinauszugehen, was bislang als systemkonform galt. Wieder mußten sie sich entscheiden zwischen der Flucht in schwerste Repressionen – wozu sie allein zu schwach waren, doch auf sowjetische Unterstützung durften sie nicht mehr zählen – und Gesprächen mit der illegalen Solidarność. Und das hieß: die Oppositionsbewegung zu legalisieren, mit ihr einen Kompromiß zu suchen und sie für die Mitverantwortung an unumgänglichen wirtschaftlichen Reformen zu gewinnen. Die Antwort darauf war der polnische »Runde Tisch«.

Die Ereignisse von 1989 und der folgenden Jahre werden häufig als Rückkehr Polens und anderer Länder des kommunistischen Ostblocks nach Europa bezeichnet. Die Kritiker dieser Redensart behaupten jedoch, daß von einer Rückkehr nicht die Rede sein könne. Polen habe immer in Europa gelegen, auch wenn es durch äußeren Zwang daran gehindert worden sei, gleichberechtigt am Leben des Kontinents teilzuhaben. Der Kern des Problems besteht jedoch in einem Punkt, den beide Seiten unerwähnt lassen. Unter »Europa« verstehen sie die westeuropäische Ordnung, wie sie sich in den Jahrzehnten nach dem Zweiten Weltkrieg herausgebildet hat – und dies geschah keineswegs schlagartig.

Das historische Europa existierte schon seit Jahrhunderten. Es besaß einige verbindende Merkmale, aber zahlreicher noch waren seine regionalen und nationalen Besonderheiten. Auch nach 1945 hat Europa existiert, nur unterteilt in ein östliches und ein westliches. Der Ostblock war jedoch immer ein Teil Europas. Und so, wie wir von der »Wiedervereinigung« Deutschlands sprechen, sollte mach auch die Europäische Frage beurteilen: als Vereinigung, nicht als Rückkehr.

Die Beseitigung der europäischen Teilung in zwei Blöcke nivellierte im übrigen nicht eine andere, ältere Untergliederung: den unterschiedlichen Entwicklungsstand zwischen dem, was man als Europa A und Europa B bezeichnen könnte. Diese Teilung gewann sogar an Deutlichkeit: Bis zum Zweiten Weltkrieg gehörte Polen zu den weniger entwickelten Ländern. Hinsichtlich seiner Bedeutung für die europäische Wirtschaft unterschied es sich kaum von Spanien oder Portugal, Griechenland oder Irland. Inzwischen hat sich die Situation vereinfacht. Wie schon zu kommunistischen Zeiten, unterscheiden sich die beiden Teile des Kontinents auch weiterhin, sie werden meist als Westen und Osten bezeichnet, wobei sich letzterer recht differenziert präsentiert. Im Grunde geht es aber nicht mehr um Himmelsrichtungen, sondern um die Vergangenheit – die kommunistische oder nichtkommunistische.

Europa – das ist nicht nur eine Verfassungsfrage, sondern hat auch sehr viel mit Erfahrungen, Kultur und dem historischen Gedächtnis der

Menschen und Länder zu tun. In dieser Hinsicht ist der östliche Teil nicht ärmer, sondern in mancher Hinsicht sogar reicher als der westliche.

Die Vereinigung des Kontinents begann im Februar 1989 in Warschau. Das als »Runder Tisch« bezeichnete Unternehmen, das außer in Rumänien und der Sowjetunion in fast allen Ländern des Ostblocks Nachahmer fand, stellte zweifellos einen polnischen Beitrag zur politischen Kultur Europas beziehungsweise Osteuropas dar. Unter den Zeitgenossen gab der »Runde Tisch« jedoch Anlaß zu Kontroversen – und er tut dies bis heute. Jene, die für eine Beibehaltung des schwankenden Systems plädierten, sahen in dieser Einrichtung eine Kapitulation. Ihre Befürchtungen sollten sich im weiteren Verlauf der Dinge als berechtigt erweisen, obwohl die kommunistische Führung Polens dies so nicht beabsichtigt hatte. Die Vertreter einer radikalen Opposition wiederum hielten den »Runden Tisch« für ein unzulässiges Einverständnis mit dem Feind oder gar für einen Komplott der kommunistischen mit den oppositionellen Eliten. Diese Kritik wird in Polen immer wieder geäußert, in jüngster Zeit sogar mit größerer Vehemenz als jemals zuvor.

Ein Argument, das gegen den »Runden Tisch« ins Feld geführt wird, lautet: Er stelle keine eindeutige Zäsur dar, die die kommunistische Epoche von der demokratischen trenne. Auch habe er die moralische Abrechnung mit dem Kommunismus erschwert. Vor allem aber sei es durch ihn der alten Nomenklatur ermöglicht worden, weiterhin am Privatisierungsprozess teilzuhaben. Ehemalige Kommunisten übernahmen volkseigenes Vermögen und spielten in der Wirtschaft eine wesentliche Rolle. Diese Kritik ist in vielen Punkten zweifelsohne berechtigt. Fragwürdiger hingegen ist die These von Kritikern des »Runden Tisches«, der Kommunismus in Polen sei bereits so geschwächt gewesen, daß das System sowieso bald zusammengebrochen wäre, wenn die oppositionelle Massenbewegung ihm nur den letzten Stoß versetzt hätte.

Kritik dieser Art, die im »Runden Tisch« keinen gangbaren Weg sah, um das kommunistische System abzulösen, ist auch in anderen Ländern Osteuropas zu vernehmen. Allerdings blieb dort, wo keine »Runden Tische« eingerichtet wurden, also in Rumänien und der Sowjetunion, die radikale Abrechnung mit dem Kommunismus aus. Schlimmer noch: Die alten kommunistischen Kader und teilweise auch deren Ideologie und Organisationsstrukturen konnten den Wandel hier wesentlich besser überdauern.

Der Prozess der Auflösung von Diktaturen ohne Blutvergießen und Gewalt stellte für Westeuropa in den letzten Jahrzehnten die Norm dar. Auf diese Weise hatte die Demokratie schon in Portugal, Spanien und Griechenland gesiegt. Evolution – nicht Revolution – lautete der europäische Weg zur Demokratie am Ausgang des 20. Jahrhunderts. Namen wie »Nelkenrevolution« in Portugal oder »Samtene Revolution« in der Tschechoslowakei stellen dazu keinen Widerspruch dar. Dem Kern des Problems kam Timothy Garton Ash mit seiner These von der osteuropäischen »Refolution« recht nahe, also von Reformen mit revolutionärer Wirkung. Polen war vielleicht ein extremes Beispiel für so eine »Refolution«. Denn freie parlamentarische Wahlen fanden hier später statt als in den meisten anderen Ländern des ehemaligen Ostblocks – von der Sowjetunion einmal abgesehen.

Polen war das letzte postkommunistische Land, in dem freie Wahlen stattfanden, aber das erste mit einer Regierung, in der Vertreter der einstmals verbotenen Opposition die Oberhand besaßen. Tadeusz Mazowiecki, einer der wichtigsten Berater von Solidarność, wurde ihr Premierminister. Die vergleichsweise langsame Entfernung vom Kommunismus war in erster Linie der Angst und Unsicherheit über die Frage geschuldet, wie die Sowjetunion reagieren würde.

In Westeuropa stießen der »Runde Tisch« und der evolutionäre Charakter der Ereignisse, die zur Ablösung des kommunistischen Systems führten, auf positive Resonanz. Dies lag daran, daß im Bewusstsein von Politikern, Presse und breiten Teile der Bevölkerung die Angst vor einem bewaffneten Konflikt und einer Störung des europäischen Friedens allgegenwärtig war. Darin kam dieselbe Denkweise zum Ausdruck, die früher dazu geführt hatte, sich mit der sowjetischen Dominanz in Osteuropa und der Unterdrückung der dortigen Freiheitsbewegungen abzufinden. Nun versuchten die westeuropäischen Staaten zusammen mit den USA, einen mäßigenden Einfluß auf Oppositionspolitiker in Polen und anderen osteuropäischen Ländern auszuüben und ihnen den Weg des politischen Kompromisses ans Herz zu legen.

In Polen sorgte noch ein anderer Umstand für maßvolle Reaktionen: Der Annäherungsprozess zwischen Polen und der Bundesrepublik Deutschland schien auf gutem Wege zu sein, als Kanzler Kohl im November 1989 Polen besuchte und Gespräche mit Premier Mazowiecki führte. Der Zufall wollte es, daß mitten in deren Verlauf die Berliner Mauer fiel.

Schlagartig verlagerte sich der Schwerpunkt der deutschen Innen- und Außenpolitik auf die Frage der Einheit.

Der Rechtsvorbehalt in der deutschen Interpretation des Warschauer Vertrages von 1970, nämlich die endgültige Entscheidung der Grenzfrage einem künftigen Friedensvertrag zu überlassen, trug plötzlich stark zur Verunsicherung bei. Auch der Standpunkt der Bundesregierung war anfangs wenig geeignet, Befürchtungen zu mildern. In den »Zehn Punkten« Bundeskanzler Kohls, die das offizielle Programm zur Wiederherstellung der deutschen Einheit darstellten, waren Territorial- und Grenzenfragen ausgespart.

Unter polnischen Politikern und in der öffentlichen Meinung Polens machten sich zwiespältige Gefühle bemerkbar. Einerseits war man überzeugt, Polen müsse an einer Beseitigung der europäischen Teilung interessiert sein, die sich nur zusammen mit der deutschen Einheit erreichen ließe. Andererseits war die Sowjetunion bis dahin die einzige Großmacht gewesen, die Polen in der Grenzfrage unmissverständlich unterstützt hatte. Daran erinnerten vor allem die Politiker der kommunistischen Partei gerne, die ansonsten verspielt hatten. Selbst einige Publizisten, die der früheren Oppositionsbewegungen entstammten, betonten, daß es notwendig sei, sowjetische Truppen in Polen zu behalten, um für die Sicherheit des Landes zu garantieren. Die Regierung Mazowiecki hingegen verlangte, in die Verhandlungen der ehemaligen Siegermächte mit der Bundesrepublik einbezogen zu werden, sofern es um die Grenzen des vereinigten Deutschland gehen sollte.

Das polnische Bewusstsein war von seinem historischen Gedächtnis beschwert. Bei denen, die den Zweiten Weltkrieg bewußt erlebt hatten, kehrte die Angst vor einem mächtigen Deutschland zurück. Zum historischen Gedächtnis der Polen gehört auch das Münchener Abkommen von 1938, obwohl sie selbst damals nicht direkt betroffen waren. Noch stärker wirkte die Erinnerung an die Konferenz von Jalta nach, deren Beschlüsse das Schicksal Polens für fast ein halbes Jahrhundert besiegelt hatten.

In Westeuropa, aber auch in den Vereinigten Staaten, begegnete man den polnischen Ängsten mit Verständnis. Hiervon zeugen die Erklärungen westlicher Staatschefs, die die Unantastbarkeit der Nachkriegsgrenzen betonten. Ungeduld war nur in wenigen deutschen Kreisen zu spüren. Die polnischen Einwände hielt man dort für einen Versuch, den deutschdeutschen Einigungsprozeß zu verhindern oder wenigstens zu verlangsamen, oder man interpretierte sie gar als Ausdruck einer allgemeinen Abneigung gegen die Deutschen. Solche Ansichten wurden auch von den Vertriebenenorganisationen geäußert, die beunruhigt waren, daß der Verlust der Gebiete östlich von Oder und Neiße nun endgültig anerkannt werden könnte.

In einem eigentümlichen Gegensatz zu der Vorsicht, die man in Polen bei politischen Veränderungen walten ließ, stand das Tempo, mit dem hier wirtschaftliche Reformen durchgeführt wurden. Auf diesem Gebiet erfolgten die entscheidenden Schritte zum sogenannten Balcerowicz-Plan bereits Anfang 1990, mit der Freigabe der Preise.[7] Die polnischen Wirtschaftsreformen wurden später von verschiedenen Seiten kritisiert, hauptsächlich jedoch im Land selbst wegen ihrer teils harten Konsequenzen.

Eine Folge der Reformen war, daß der Lebensstandard der geringverdienenden Bevölkerungsgruppen absank. Im alten ökonomischen System hatten festgelegte Preise und Unzulänglichkeiten des Marktes für einen gewissen Egalitarismus gesorgt. Jeder konnte sich fast alles leisten, sofern es einem gelang, diese Ware zu kaufen, sei es zufällig oder nach geduldigem Warten in der Schlange. Als weitere Folge der Reformen gerieten zahlreiche Bauern und Kleinunternehmer in eine Schuldenfalle. Im von inflationären Bedingungen geprägten Wirtschaftsleben der letzten Jahrzehnte des Kommunismus stellten Kredite eine niedrig bezinste Form der Subventionierung dar, aber die Anpassung der Raten an den Stand der Geldentwertung ruinierte viele Kreditnehmer. Schmerzlich war auch die Arbeitslosigkeit, die im Zuge der Stillegung unrentabler Betriebe und der Verringerung der Beschäftigungszahlen dramatisch wuchs.

Fast sämtliche dieser reformbedingten Belastungen teilte Polen mit allen übrigen Ländern des früheren Ostblocks. Zweifelsohne gingen die wirtschaftlichen Veränderungen in Polen besonders schnell vonstatten, aber dies führte auch dazu, daß der Rückgang der Produktion und des Nationaleinkommens schneller als in den meisten dieser Länder wieder überwunden werden konnte.

Ist es berechtigt zu behaupten, daß die polnischen Reformen vom westeuropäischen marktwirtschaftlichen Modell abwichen? Sicherlich ja, wenn man die sozialen Folgen in Betracht zieht. Klüger wäre es allerdings, sie

7 Der Balcerowicz Plan, vorbereitet im Untergrund, sah nach dem Wandel von 1989 eine rapide Einführung der Marktwirtschaft und Privatisierungen vor.

mit der Situation in Westeuropa von vor 40 oder 45 Jahren zu vergleichen, kurz nach der Aufhebung der kriegsbedingten Reglementierungen. Die Abschaffung der Lebensmittelkarten und die Freigabe der Preise setzten damals der Ära des künstlich aufrecht gehaltenen Egalitarismus ein Ende. Jedoch gab es im westlichen Teil Europas zu dieser Zeit keine Probleme mit Überschuldung und niedriger Arbeitsproduktivität.

Der Vorwurf, daß die »Schocktherapie«, die Polen verordnet wurde, im Gegensatz zum westeuropäischen Modell der sozialen Marktwirtschaft stand, wirkt anachronistisch. Zu kommunistischen Zeiten waren die Institutionen des Wohlfahrtsstaates in sämtlichen Ostblockländern allgegenwärtig. Mit der DDR, die in dieser Hinsicht führend war, konnte Polen es zwar nicht aufnehmen, aber auch hier gab es eine sehr viel ausgeprägtere Sozialpolitik als in den westlichen Ländern – wenn man zum Vergleich jene Zeit heranzieht, in der sie sich auf einem ähnlichen wirtschaftlichen Entwicklungsniveau befanden.

Der Übergang Polens zur Marktswirtschaft, der 1990 begann, verringerte nicht die sozialstaatlichen Aufwendungen. Zu kommunistischen Zeiten wurden diese Mittel nicht immer vernünftig genutzt. Der Kern des Problems bestand darin, daß es im Zuge des sich verändernden Bedarfs schwierig, ja manchmal unmöglich wurde, die vielfältigen sozialen Leistungsansprüche zu befriedigen. Denn wer will Ansprüche, die er einmal besessen hatte, schon freiwillig wieder aufgeben? Polen erbte, wie andere Länder Osteuropas auch, eine kommunistische Sozialpolitik, die mit der Marktwirtschaft kaum kompatibel war.

Ein wesentlicher Grund für diese Schwierigkeiten bildete das Zusammentreffen von polnischer Wirtschaft und Weltmarkt. Zwar wurden bestimmte Zollbarrieren beibehalten und in einigen Fällen, die notwendig schienen, auch die Subventionierung bestimmter Produkte, aber die staatlichen Eingriffe in die Wirtschaft mußten internationalen Regeln angepasst werden. Ihre Einhaltung war jetzt besser zu überprüfen als noch zu kommunistischer Zeit, als Dumping und Exportsubventionen hinter unrealistischen, staatlich festgesetzten Wechselkursen verborgen werden konnten.

Zu den sozialen Gruppen, die am meisten unter marktwirtschaftlichen Reformen zu leiden hatten, gehörten die Beschäftigten der staatlichen Landwirtschaftsbetriebe. Freigiebig bedacht mit staatlichen Zuschüssen und fast immer defizitär arbeitend, beschäftigten diese Betriebe eine übergroße Zahl von Landarbeitern mit geringer beruflicher Qualifikationen. Ihre Produktivität war verschwindend gering. Diese Menschen hatten praktisch keine Chance, unter den neuen Verhältnissen einen Platz zu finden. In dem Maße, wie die Betriebe bankrott gingen, entließen sie ein Heer von Langzeitarbeitslosen. Nur selten darauf vorbereitet, sich an den umfangreichen Privatisierungsmaßnahmen zu beteiligen, verloren sie bald die Fähigkeit, ihren Lebensunterhalt eigenständig zu bestreiten. Denn die größeren Wirtschaftsbetriebe, die anstelle der staatlichen Agrarbetriebe entstanden waren, beschäftigten für gewöhnlich nur einen Bruchteil der alten Belegschaft. Die polnische Landwirtschaft wurde dem westeuropäischen Stand angeglichen, doch der Personenkreis, der sich den neuen Bedingungen nicht anpassen konnte, zahlte die Zeche.

Drastisch war auch das Schicksal eines erheblichen Teils der Arbeiter, die von den großen Industriegiganten, die in kommunistischer Zeit entstanden waren, entlassen wurden. Ihre Beschäftigten hatten die eigentliche Kraft der Solidarność dargestellt, auch während der Streiks von 1988. Einige dieser Betriebe hielten der neuen Konkurrenz nicht stand. Andere mußten nach der Privatisierung große Teile der Belegschaft auf die Straße setzen, da auch sie eine planwirtschaftlich verdeckte Arbeitslosigkeit und niedrige Arbeitsproduktivität geerbt hatten.

Die Schocktherapie hatte zur Folge, daß sich die polnische Wirtschaft sprunghaft der westeuropäischen angleichen mußte. Doch dies bedeutete nicht, daß sie auch denselben Stand der Arbeitsproduktivität erreichte. Die Qualität der Produkte ließ häufig zu wünschen übrig. Die Reallöhne mußten diesen Unterschieden angepasst werden. Doch Polen konnte unter den Bedingungen des freien Marktes in einigen Bereiche nicht wirklich mit Billigproduzenten aus Fernost konkurrieren. Dies betraf einen erheblichen Teil der Textil- und Elektroindustrie.

Die ersten Jahren nach dem Zusammenbruch des Ostblocks bedeuteten zwar das Ende der politische Teilung Europas in eine demokratische und eine kommunistische Zone, doch tauchte eine neue Untergliederung auf, in drei Zonen.

Zone eins bildete das Europa, das in Teilen bereits zusammengewachsen war – die Mitgliedsländer der NATO und der Europäischen Wirtschaftsgemeinschaft sowie alle übrigen Staaten Westeuropas. Für das Bewußtsein der Politiker und Bürger dieser Zone war charakteristisch, daß sie den Begriff »Europa« meist nur für ihren Teil des Kontinents gebrauchten – ganz so, als ob der einst kommunistische Teil nicht dazugehöre. Die ehemalige DDR wurde bereits voll zur westlichen Zone hinzugezählt, obwohl sich zwischen »Wessis« und »Ossi« manch dramatischer Bewusstseinsunterschied auftat.

Zur Zone zwei gehörten fast alle Staaten, die nach dem Zerfall der Sowjetunion entstanden waren. Sie blieben durchaus miteinander verbunden, auch institutionell durch die Gemeinschaft Unabhängiger Staaten (GUS). Das Zentrum bildete weiterhin Rußland, daß sich hinsichtlich seiner Größe und Probleme auch in Zukunft nicht an den politischen und wirtschaftlichen Gemeinschaften des vereinigten Europas beteiligen konnte und wollte. Allerdings orientierte sich ein kleiner Teil der Politiker und Intellektuellen in der Ukraine und Weißrussland nach Westen, nicht nach Osten, doch unter den »normalen« Bürgern fiel dieser Anteil verschwindend gering aus.

Polen gehörte zur Zone drei, zur mitteleuropäischen, der auch die Länder des Baltikums und des Balkans angehörten. Die Staaten dieser Zone waren allenfalls lose miteinander verbunden, durch wenig verbindliche Abkommen über eine Zusammenarbeit. Ihr Ziel hieß, der Marginalisierung zu entgehen, die ihnen auf internationaler Tribüne in Europa drohte. Sie alle waren davon überzeugt, daß ihnen die europäische Integration den Weg nach Westen öffnen würde.

Das Konzept einer Beibehaltung enger Kontakte zur Sowjetunion besaß in Polen nach 1989 nur relativ kurz eine gewisse Wirkungskraft, vor allem unter den ehemaligen Kommunisten. Zusammen mit dem Zerfall des sowjetischen Imperiums und angesichts des demokratischen Bewusstseinswandels bei den postkommunistischen Politikern und eines bedeutenden Teils ihrer politischen Klientel verlor die östliche Option jedoch immer mehr an Bedeutung. Allerdings wurden Relikte dieses Konzeptes bei den extrem populistischen und nationalistischen Gruppierungen, die einer Integration mit Westeuropa ablehnend gegenüberstehen, wiederbelebt.

Für die polnischen Politiker und breite Teile der polnischen Bevölkerung war besonders der demokratische Charakter der westlichen internationalen Gemeinschaft wichtig, die jedem Staat zugestand, weitgehend frei über sein eigenes Schicksal zu entscheiden. Besondere Bedeutung besaß dabei der Umstand, daß die Integration in den Westen einen gewissen Schutz gegen mögliche neue russische Hegemonialgelüste bot. Polen stand, bedingt durch seine Kultur und historische Tradition, dem Westen näher als dem Osten, ähnlich wie die meisten Ländern des ehemaligen sowjetischen Imperiums.

Die wirtschaftlichen Erfolge, die die westeuropäischen Länder in den Jahrzehnten zuvor erzielt hatten, stellten im Bewusstsein der Bevölkerung das wichtigste Argument für eine Mitgliedschaft in der Europäischen Union dar. Enge Kontakte zur auseinanderfallenden Sowjetunion beziehungsweise zu Rußland waren kaum attraktiv. Sie hatte bei der System-Transformation noch größere Schwierigkeiten als die Staaten Mitteleuropas und des Balkans.

Polen strebte nach westlicher Integration wie auch andere Länder seiner Zone. Aber wollten umgekehrt die westeuropäischen Länder die Europäische Union nach Osten ausdehnen? Die Frage betrifft gleichermaßen Politiker, öffentliche Meinung und Bevölkerung. Eine eindeutige Antwort lässt sich schwerlich finden, da Bedenken vom jeweiligen Land, der politischen Orientierung und vom Bildungsstand abhingen.

Ganz allgemein kann man feststellen, daß die Frage von Beziehungen der EU zu Polen und anderen Ländern des ehemaligen Ostblocks relativ lang im Kontext der europäischen Beziehungen zu Rußland gesehen wurde, ja sogar mit Blick auf seine innenpolitische Lage. Dies stand im Einklang mit der traditionell vorherrschenden Ostpolitik, wie sie vor allem von Deutschland und Frankreich betrieben wurde. Rußland wurde, wie zuvor die Sowjetunion, als Großmacht behandelt, deren Interessen in besonderer Weise zu berücksichtigen sind, um die europäische Stabilität nicht zu gefährden. Das innere Gleichgewicht Rußlands war von Bedeutung – eine Störung hätte einen Staat mit einem enormen militärischen, auch atomaren Potential verleiten könne, sich auf politische Abenteuer einzulassen. Von untergeordneter, wenn auch nicht geringer Bedeutung war hingegen die Überzeugung, daß Rußland der wichtigste wirtschaftliche Partner Westeuropas im Osten sei.

So stand also zunächst die politische und militärische Integration Polens sowie einiger osteuropäischer Nachbarstaaten in die NATO auf der Tagesordnung. Dies rief in Polen selbst kaum Kontroversen hervor, obwohl kleinere rechtsgerichtete Gruppen, die kaum Einfluß besaßen, gegen einen NATO-Beitritt wetterten.

Unter den Politikern in Westeuropa überwog zunächst die Abneigung gegen eine Ausweitung der NATO nach Osten. Der wichtigste Grund hierfür war die Furcht vor den russischen Reaktionen, vor allem vor einer inneren Radikalisierung Rußlands. Doch das Wissen der EU-Regierungen über die russischen Verhältnisse war eher gering. In einer Zeit, in der Rußland mit ökonomischen Schwierigkeiten und anderen gravierenden Problemen zu kämpfen hatte, die aus dem Zerfall des Imperiums resultierten, rückte die internationale Politik in Moskau an zweite Stelle. Da haben amerikanische Politiker die Situation schon treffender beurteilt, und tatsächlich gab die Regierungsmannschaft von Boris Jelzins ihren Widerstand gegen eine Ausweitung der NATO auf einige mitteleuropäische Länder, zu denen auch Polen gehörte, am Ende auf.

Anders stellten sich die Probleme dar, die die Osterweiterung der EU mit sich brachte. In Polen stieß die Eingliederung in die Europäische Union auf recht breiten Widerstand. Die Argumente, die ins Feld geführt wurden, waren unterschiedlicher Art. Am meisten ängstigten sich die Landwirte. Von Populisten wurde behauptet, daß das polnische Bauerntum an der Konkurrenz mit höher entwickelten EU-Ländern bankrott ginge und Ausländer Polen aufkaufen würden, Deutsche vor allem. Auch nationalistische Gruppierungen appellierten an Ressentiments. Sie warnten davor, daß Fremde die polnische Industrie aufkaufen würden, daß durch die Expansion ausländischer Handelsketten der polnische Handel ruiniert werde und daß die Preise infolge der Anpassung an das viel höhere West-Niveau ins Unermeßliche stiegen.

Nationalisten und konservative Katholiken brachten sogar religiöse Argumente ins Spiel. Ihrer Ansicht nach war Westeuropa zu einer Brutstätte von moralischer Demoralisierung und Verderbtheit geworden, von den christlichen Werten losgelöst und einem neuen Heidentum ergeben. Sogar gegen den Standpunkt des Vatikans sowie offizieller Vertreter der katholischen Kirche wurde die Gefahr einer sittlichen Katastrophe beschworen – Polen drohe der Zerfall der Familie und der Vormarsch einer losen Sexualmoral.

Trotz alledem hat sich die entschiedene Mehrheit der Wähler im Referendum über den europäischen Integrationsprozess von 2003 für den Beitritt Polens zur Europäischen Union ausgesprochen. Dabei gaben andere Argumente den Ausschlag. Im Bewusstsein der Polen war die Union eine Gemeinschaft wohlhabender Länder. Viele Befürworter der Integration hofften auf einen schnellen Anstieg des Lebensstandards in Polen sowie die Möglichkeit, besser bezahlte Jobs in den westeuropäischen Ländern zu finden.

Der Beitritt Polens und anderer osteuropäischer Länder weckte unter westlichen Politkern geringere Vorbehalte als die Ausdehnung der NATO. Ganz anders reagierte die einfache Bevölkerung in Westeuropa. Sie fürchtete einen sprunghaften Anstieg der Arbeitsmigration, die das Lohniveau drücken, die Arbeitsmärkte ruinieren, die Arbeitslosigkeit steigern und die Verlagerung von Arbeitsplätzen in die künftigen Mitgliedsländer nach sich ziehen würde.

Einige westliche Gewerkschaftsführer wollten gar ein unbefristetes Beschäftigungsverbot für die »neuen Europäer« einführen und forderten, den Kapitaltransfer nach Osten zu erschweren. Im Extremfall hätte dies ein »Europa der 25« zur bloßen Fiktion degradiert. Am größten war die Furcht vor den Folgen der Osterweiterung in den unmittelbaren Nachbarländern der Beitrittskandidaten – im Falle Polens vor allem Deutschland. Antipolnische Stereotype feierten plötzlich wieder fröhliche Urständ: der vermeintliche Nationalismus der Polen, ihr Klerikalismus und die angeblich niedrige Alltagskultur. Ja, es ist zweifelhaft, ob die Erweiterung überhaupt zustande gekommen wäre, wenn man in allen EU-Mitgliedsländern hierüber ein Referendum abgehalten hätte.

Polen befindet sich seit 1999 in der NATO und seit 2004 in der Europäischen Union. An die Stelle einiger Probleme, die heute nicht mehr aktuell sind, rückten neue – Probleme in Polen selbst und solche, die in den Beziehungen zu anderen Ländern aufgetaucht sind. Dies rührte an zwei essentielle Fragen: Welche Position nimmt Polen auf internationaler Ebene ein und wie ist es um seinen inneren Zustand bestellt?

Nach dem Ende der sowjetischen Hegemonie in Osteuropa hielten es polnische Politiker für äußerst wichtig und nützlich, Polen gegen eventuelle Spannungen an seiner Ostgrenze strategisch abzusichern, das heißt gegenüber Rußland und Weißrußland. Zwar zeichneten sich keine akuten Gefährdungen ab, doch könnte sich das in Zukunft durchaus wieder ändern, sofern Rußland irgendwann erneut imperiale Gelüste entwickeln sollte. Doch angesichts der Ruhe, die nun in diesem Teil Europas herrschte, interessierten sich die Politiker und Einwohner der übrigen europäischen NATO-Länder nicht sonderlich für diese Belange.

Da die NATO in Polen vor allem als Absicherung nach Osten angesehen wurde, räumte die hiesige Politik dem engen Verhältnis zu den USA als Hauptmacht des Nordatlantischen Paktes oberste Priorität ein. Die europäischen Mitgliedsländer besaßen kein militärisches Potential, das dem russischen vergleichbar gewesen wäre. Außerdem hatte sich ihre Politik traditionell stets durch eine hohe Kompromißbereitschaft gegenüber Rußland ausgezeichnet, auch auf Kosten der mitteleuropäischen Staaten.

Angesichts der Abneigung gegen die Vereinigten Staaten, welche in den westeuropäischen Ländern zu beobachten war, setze sich Polen damit der Kritik aus. Mitunter wurde es von der westeuropäischen Öffentlichkeit gar als Satellit der Amerikaner geschmäht und behandelt, der die Einheit der Europäer zerstöre. Zweifelsohne kamen hierbei nicht bloß aktuelle Interessenkonflikte zum Tragen, sondern auch unterschiedliche historische Erfahrungen.

Die europäische Solidarität mit den Amerikanern nach den terroristischen Anschlägen vom 11. September 2001 ließ diese Differenzen etwas an Bedeutung verlieren. Schrittweise kehrte jedoch der Status quo ante zurück, und die Lage verschärfte sich sogar noch, nachdem die Amerikaner entschieden hatten, im Irak militärisch zu intervenieren. Polen gehörte zu einer kleinen Gruppe europäischer Staaten, die diese Entscheidung Präsident Bushs eifrig unterstützten und an der Besetzung Iraks teilnahmen.

Der Nahe Ostens stelle für die Polen eher etwas Exotisches dar, und Probleme in dieser Region waren für sie naturgemäß weiter weg als solche, die unmittelbar polnische Interessen berührten. Im Hinblick auf den Irak gab es jedoch zwischen den Vertretern der wichtigsten politischen Gruppierungen und den wichtigsten Medien keinerlei Meinungsverschiedenheiten: Die Intervention wurde zunächst von einer Mehrheit der Polen unterstützt, verlor allerdings zusehends an Popularität, als erste Opfer unter den polnischen Soldaten zu beklagen waren. Schließlich unterschied sich die Stimmung in der polnischen Bevölkerung irgendwann nicht mehr von den Meinungen und den Empfindungen in anderen europäischen Ländern, auch wenn die Politiker im Allgemeinen das amerikanische Vorgehen weiterhin unterstützten.

Welche Gründe waren für diese Rezeption der Irak-Frage in Polen verantwortlich? Am schwersten wog hier die Überzeugung, daß man sich als verläßlicher Bündnispartner erweisen müsse, wollte man im Fall des Falles selbst die Unterstützung der Vereinigten Staaten bekommen. Diese Ansicht wurde durch die damalige Annäherung Frankreichs und der Bundesrepublik an Rußland noch verstärkt.

Die Politiker und die öffentliche Meinung in Polen gingen jedoch wie selbstverständlich davon aus, daß die amerikanische Politik wohldurchdacht sei. Sie hofften, daß die Operation tatsächlich in kurzer Zeit erfolgreich abgeschlossen sei. Diese Erwartungen wurden empfindlich getäuscht. Die Erfahrungen im Irak werden dazu beitragen, daß in Polen künftig eine größere Distanz gegenüber der amerikanischen Politik gewahrt werden wird, besonders von seiten der Bevölkerung.

Das Problem der Beziehungen zu Rußland bindet die Polen jedoch weiterhin eng an die Amerikaner. Das Verhältnis zwischen Polen und Rußland hat sich in den letzten Jahren verschlechtert. Mit ein Grund dafür ist die Lage in der Ukraine. Grundsätzlich unterschied sich der offizielle Standpunkt der Europäischen Union nicht wesentlich von dem der polnischen Regierung. Als sich zum Jahreswechsel 2004/2005 das Los der »Orangenen Revolution« entschied, fuhren der EU-Außenbeauftragte Javier Solana und der polnische Präsident Aleksander Kwaśniewski gleichermaßen nach Kiew. Allerdings wich der Grad des Interesses, den Politiker, öffentliche Meinung und normale Bürger in den einzelnen europäischen Länder zeigten, zum Teil erheblich voneinander ab. Die Polen nahmen an den Problemen ihres Nachbarstaates Ukraine regen Anteil. In der Stärkung der ukrainischen Demokratie erkannten Sie eigene nationale Interessen und vor allem eine Möglichkeit, den Einfluß Rußlands zu beschneiden. Im großen und ganzen waren die Vorgänge und Probleme in der Ukraine nicht nur für Westeuropa, sondern auch für einige Länder des ehemaligen kommunistischen Ostblocks etwas weit Entferntes, ja Exotisches.

In den letzten Jahren wuchsen also die Spannungen zwischen Warschau und Moskau. Die russische Seite versuchte, Polen wirtschaftlich unter Druck zu setzen. Polnische Exporte nach Rußland wurden eingeschränkt. Die größte Gefahr stellte dabei allerdings die Abhängigkeit Polens von Gas- und Erdöllieferungen aus dem Osten dar. Davon wird später noch zu berichten sein, im Zusammenhang mit den polnischen Problemen in der Europäischen Union. Aber schon jetzt gilt festzuhalten: Nur die Vereinigten Staaten haben das russische Vorgehen bislang entschieden kritisiert.

Allgemein war es in Polen üblich, die Zugehörigkeit zur Europäischen Union durch das Prisma eigener Interessen zu betrachten und bewerten, seien sie nun individueller oder gesamtgesellschaftlicher Natur. Dies ist nicht weiter verwunderlich, auch die Entscheidungen anderer Unionsländer, die unter dem Druck ihrer Bürger standen, zeigten, daß eigene Interessen federführend waren. So vor allem die Beschränkung von Arbeitsmöglichkeiten für Bürger der neuen in den alten Mitgliedsstaaten. Im Denken der Deutschen, Franzosen und Österreicher, die diese Beschränkung am längsten aufrecht erhalten wollen, erscheinen die Polen nach wie vor als Eindringlinge, die den Arbeitsmarkt durcheinanderbringen. In Frankreich wurde dies gar zu einem Argument für die Gegner der europäischen Verfassung.

Nur wenige Länder nahmen in dieser Hinsicht einen anderen Standpunkt ein. Dabei hat es jedoch den Anschein, als spielten auch hier eigene Interessen eine gewisse Rolle. Polen und Arbeiter aus anderen neuen Mitgliedsstaaten sollten helfen, die Konkurrenzfähigkeit der eigenen Wirtschaft zu verbessern. Vor allem niedrigqualifizierte Arbeiten wurden ihnen zugedacht, die kein einheimischer mehr machen wollte. Obwohl dies aus

Gründen der *political correctness* nicht offen gesagt wird, steht doch außer Frage, daß man in Irland, Großbritannien oder Schweden selbst für solche Jobs lieber Europäer beschäftigt, die einem kulturell näher stehen, als Einwanderer aus Entwicklungsländern, insbesondere islamischen.

Bei der Frage einer Vertiefung der europäischen Integration besaß die distanzierte Haltung Polens innerhalb der EU einiges an Gewicht. Das politische Denken der Polen war noch immer vom Gefühl der erst kürzlich wiedererlangten Souveränität bestimmt. Daher überwog die Ansicht, daß die Union ein eher loses Bündnis bleiben solle, um unvorteilhafte Entscheidungen aus Brüssel notfalls blockieren zu können.

Der provisorische Vertrag von Nizza, der die qualifizierte Mehrheit statt der Einstimmigkeit für viele Beschlüsse der EU zur Regel werden ließ, galt deshalb als Erfolg, da er den Polen eine außerordentlich günstige Position in der Union einräumte. Hinsichtlich seiner Stimmenzahl sollte es nur wenig hinter den großen Mitgliedern der Gemeinschaft zurückstehen. Dies hatte jedoch zur Folge, daß die späteren Projekte, die eine Kompetenzbeschneidung der Mitgliedsstaaten zugunsten der Union vorsahen, auf deutliche Ablehnung stießen, insbesondere das Projekt einer europäischen Verfassung. In dieser Atmosphäre wurde der – nicht gerade geistreiche – Slogan »Nizza oder der Tod« geboren, der eine Zeit lang die Meinungsbildung in Polen erheblich beeinflusste. Er verstärkte eine skeptische Haltung gegenüber der Union, auch wenn dies den Absichten seiner Urheber zuwiderlief, die grundsätzlich positiv zur europäische Integration standen.

Die Politik und die interessierte Öffentlichkeit in Polen machten sich jedoch kaum bewußt, welche Erfahrungen die Union bisher gesammelt hatte: Selbst bei Entscheidungen, die keine Einstimmigkeit erfordern, kommt es relativ selten zu Kampfabstimmungen; und um eigene Interessen durchsetzen zu können, muß man vor allem in der Lage sein, Partner zu finden und Kompromisse zu schließen. Der Streit um die europäische Verfassung hinterließ jedoch kaum bleibende Spuren im Bewußtsein der Polen. Eine bedeutende Mehrheit von ihnen befürwortet den Integrationsprozeß nach wie vor.

Die Realität selbst hat dazu beigetragen, daß die Bedeutung der EU-Kritiker abgenommen hat. Vor dem Beitritt Polens herrschte panische Angst vor Preisanstiegen oder gar einem Ausverkauf der polnischen Industrie und des polnischen Bodens an Ausländer, doch dies alles erwies sich als unbegründet. Die gesellschaftliche Gruppe, die am meisten von der Integration profitierte, waren die Bauern. Das vergleichsweise einfache System landwirtschaftlicher Zuzahlungen wurde zu einer wichtigen Quelle, das Einkommen aufzubessern. Nicht weniger profitierten die ländlichen Gebiete von Fonds, die eigens für den Strukturwandel der am schwächsten entwickelten EU-Regionen bereitgestellt werden. Auf diese Weise wich die Ablehnung der Union häufig ihrer Akzeptanz.

Als entschiedene Befürworter der europäischen Integration haben sich im Allgemeinen auch die jungen Menschen entpuppt. Viele Studenten verbrachten ein Gastsemester an einer ausländischen Hochschule. Manchmal erhielten sie Stipendien für ganze Studien. Junge Polen stellen auch den größten Anteil an innereuropäischen Arbeitsmigranten. Dabei haben sie den Kontakt zu ihrer Heimat nicht abgebrochen. Die meisten wollen früher oder später nach Polen zurückkehren. Selbst für jene, die nicht ausgereist sind, stellen die potenziellen Arbeitsmöglichkeiten im Ausland einen Anreiz dar, sich beruflich weiterzuqualifizieren. Natürlich kann man diese Form der Migration auch als spezifische Form des Braindrain betrachten, der vor allem den besser entwickelten Ländern Europas zugute kommt. Oft sind es die begabten, energischen, gut ausgebildeten Leute, die Polen verlassen, obwohl sie im Ausland nicht immer eine Beschäftigung bekommen, die ihrer Qualifikation entspricht.

Der Umstand, daß Polen sich dem Verfassungsprojekt der Union widersetzt hat, trug zu einem Ansehensverlust vor allem in den älteren Mitgliedsstaaten bei. Ein Land, das zu den Hauptprofiteuren der europäischen Integration gehört, bekundete mangelnde Kompromißbereitschaft und rückte schwach begründete eigene Interessen in den Mittelpunkt seiner Aktivitäten. Als jedoch das Verfassungsprojekt auch in Frankreich und den Niederlanden abgelehnt wurde, verlor die Angelegenheit für Polen an Bedeutung.

Deutlichere Differenzen zwischen den Ländern der Europäischen Union zeigten sich jüngst in der Ostpolitik. Sie hatten mit der bereits erwähnten Frage von Erdöl- und Erdgaslieferungen zu tun. Sie gewann an Brisanz, als Rußland und Deutschland den Bau einer Gaspipeline beschlossen, die auf dem Grund der Ostsee verlaufen und auch andere Länder Westeuropas versorgen sollte.

Die Ostsee-Pipeline wird in Polen nicht ohne Grund als Bedrohung nationaler Interessen betrachtet. Die Energieversorgung war bislang dadurch gesichert, daß die wichtigsten Transitleitungen über polnisches Territorium nach Westen führten. Welche Absichten die russische Politik nun verfolgt, ist nicht ganz klar. Der Bau einer unterseeischen Gasleitung ist sehr viel teurer als die Erweiterung der Pipelines, die durch Polen verlaufen. Auch ist unklar, worin eigentlich das Interesse der westeuropäischen Länder am Bau einer unterseeischen Gasleitung bestehen soll – außer vielleicht, der Gefahr zu begegnen, daß durch eine Blockade der Lieferungen nach Polen die gesamte EU in Mitleidenschaft gezogen werden könnte.

In Polen wurden Stimmen laut, die die westeuropäischen Länder und vor allem Deutschland mit großem Nachdruck der fehlenden europäischen Solidarität bezichtigten. Ihre Bedeutung mag dadurch abgeschwächt werden, daß man sich in Polen ständig auf Partikularinteressen beruft, auch wenn es um europäische Probleme geht. Und dafür mußte Polen schon häufig Kritik aus Westeuropa einstecken.

Welche Unterschiede gibt es noch zwischen Polen anderen Nationen Europas, sei es nun im Konkreten oder im Bewußtsein der Menschen? Zu den realen Lebensumständen gehört nach wie vor die Untergliederung in ein Drei-Klassen-Europa. A-Staaten liegen meistens im Westen, C-Staaten im Osten. Polen und andere Länder Mitteleuropas gehören zu den B-Staaten. Entscheidend hierfür ist der unterschiedliche ökonomische Entwicklungsgrad und, daraus resultierend, der unterschiedliche Lebensstandard. Innerhalb von Europa B sind übrigens die Unterschied recht groß. Gering fallen sie zwischen den Ländern aus, die schon in der ersten Runde der Europäischen Union beigetreten sind; sehr viel deutlicher hingegen zwischen dieser Gruppe und einigen Staaten auf dem Balkan.

In Europa B funktioniert das demokratische System im Allgemeinen noch nicht so gut wie es sollte, einschließlich der Legislative, Exekutive und Judikative. Die Bürokratie ist hier zwar nicht stärker ausgebaut als in den Staates von Europa A, aber weniger leistungsfähig. Der Korruptionsindex ist höher. Im politischen Leben spielt Demagogie eine enorm wichtige Rolle. Das Verhalten der Bürger zeichnet sich einerseits durch Mißtrauen und Passivität aus, was seinen Niederschlag auch in einer niedrigen Wahlbeteiligung findet, andererseits durch Wankelmütigkeit hinsichtlich ihrer politischen Ansichten. In keinem Land Europas, das auf eine längere demokratische Tradition zurückblicken kann, krempelt sich die politische Landschaft mit jeder Wahlperiode so vollständig um, wie das in Polen zu beobachten war.

Allerdings lohnt es sich, auch die lichten Seiten von »B-Europa« wahrzunehmen, die dem westlichen Modell nahekommen. Zwar versucht jede Regierungsmannschaft, Einfluss auf die Massenmedien auszuüben, insbesondere Fernsehen und Radio, aber es gibt bereits ein gut ausgebautes Netz unabhängiger Medien, die das öffentliche Leben kritisch beobachten. Nicht nur die Presse, sondern auch private Fernseh- und Radiostationen berichten auf hohem Niveau.

Unabhängig ist auch das Gerichtswesen, einschließlich der Institutionen, die über die Rechtstaatlichkeit wachen: das Höchste Gericht, das Verfassungstribunal und der Beauftragte für die Bürgerrechte. Wenn die Judikative in ihrer Funktionsweise hinter dem westlichen Vorbild zurückbleibt, so zumeist nicht aufgrund der Qualität ihrer Arbeit, sondern weil sich die Entscheidungen sehr in die Länge ziehen – zu wenig Personal wegen knapper öffentlicher Kassen. Negativ wirkt sich das Niveau der gesetzgeberischen Tätigkeit des Parlaments aus. Hierdurch entstehen zahlreiche Unklarheiten bei der Auslegung von Gesetzten.

Noch stärker fällt Europa C zurück. Die Polen sehen sich mit diesem Problem unmittelbar konfrontiert, insbesondere durch die zahlreichen Saisonarbeiter und Dauermigranten, die aus den Staaten der ehemaligen Sowjetunion nach Polen kommen.

Das Ost-West-Gefälle beruht nicht allein auf ökonomischen Unterschieden. Trotz aller Unzulänglichkeiten des politischen Lebens in Polen, ist das demokratische System hier doch schon sehr viel tiefer verwurzelt als bei den östlichen Nachbarn. Bei ihnen gibt es keine unabhängige Justiz und unabhängige Massenmedien, und die gesetzgebende Gewalt wird maßgeblich von der Exekutive bestimmt.

Wie sehen nun die Bewusstseinsunterschiede zwischen den europäischen Völkern aus? Sie betreffen vornehmlich das historische Gedächtnis. In Polen nimmt die Rechte, die 2005 an die Regierung gekommen ist, sehr intensiv auf verschiedene Epochen der Geschichte Bezug. Die Betonung nationaler Traditionen geht mit einer Rückkehr zu einem spezifischen Kult des Leidens einher, der wiederum zwei benachbarte europäische Völker, die Deutschen und die Russen, auf die Anklagebank setzt. Abgesehen von der Richtigkeit verschiedener historischer Thesen, fällt die Verbindung von Politik und Geschichte für beide nicht gerade vorteilhaft aus.

Historische Abrechnungen mit Nachbarstaaten im populistischen Stil zeugen zweifelsohne von einer bestimmten Bewusstseinsprägung der Politiker im Lande. Allerdings hat es nicht den Anschein, als beeinflussten sie damit die breiteren Bevölkerungsschichten in nennenswertem Maße, auch wenn gewisse Spuren in deren Bewusstsein zurückbleiben mögen. Die von polnischen Politikern erneuerten Vorbehalte gegenüber Deutschen und Russen werden von deutlichen Versöhnungsgesten gegenüber der Ukraine begleitet, obwohl auch die historischen Beziehungen zu ihr alles andere als idyllisch waren.

Nationale Gefühle blieben ein wichtiger Zug der polnischen Mentalität. Allerdings unterlagen sie in den letzten Jahrzehnten zahlreichen Veränderungen, die bestimmte Emotionen abschwächten und zugleich die Bereitschaft stärkten, sich mit Fremden, besonders mit den unmittelbaren Nachbarn, zu verständigen. Nationale Gefühle sind auch anderen Europäern nicht unbekannt. Allerdings sollte man ihre Kraft nicht an den »Heldentaten« von Fußballfans und Hooligans messen, deren fremdenfeindliche Losungen eher Ausdruck von Verrohung und Aggression als das Ergebnis tieferer Reflexion sind. In dieser Hinsicht unterscheiden sich soziale Randgruppen in Polen nicht von den entsprechenden Milieus in Deutschland oder England.

Die jüdische Frage besitzt in Polen eine historische Besonderheit. Erst im Spätmittelalter ließen sich Juden in größerer Zahl in Polen nieder. Damals erhielten sie bedeutende rechtliche und wirtschaftliche Privilegien. Hier ist nicht der Platz, sich näher mit den Gründen zu beschäftigen, warum sie bevorzugt behandelt wurden. Ein wesentlicher Grund bestand in ihrer Abhängigkeit vom jeweiligen Herrscher und der Annahme, daß sie sich zu keinem selbständigen Faktor der Politik entwickeln würden. In späteren Jahrhunderten, als die Bedeutung des Adel (Szlachta) wuchs, wurden vermehrt Juden anstelle von Polen als Vermittler bei Handelsgeschäften eingesetzt, sei es nun auf lokaler, Landes- oder internationaler Ebene. Dies sollte das polnische Bürgertum schwächen.

Die meisten Juden kamen aus deutschsprachigen Ländern nach Polen und brachten die jiddische Sprache mit. Die Einwanderung nach Polen war zwar zum Teil ökonomischen Gründen geschuldet, hauptsächlich aber eine Folge von Pogromen oder Vertreibungen aus einzelnen Staaten oder Städten. Polen war ein tolerantes Land, Juden wurden offen aufgenommen und genossen eine gewisse Freizügigkeit, obwohl sie auch hier in gesonderten Vierteln wohnen und Einschränkungen erdulden mußten.

Der breiten Bevölkerung hingegen, vor allem dem Bürgertum und den Bauern, war eine gewisse Abneigung gegen die Juden eigen, die sich durch ihre Gebräuche, ihre Sprache, vor allem aber durch ihre Religion unterschieden. In dieser Hinsicht war Polen nicht anderes als die übrigen christlich geprägten Länder Europas, die katholischen, orthodoxen und später protestantischen. Juden waren »anders«. Sie wurden als Mörder Christi geschmäht und Opfer von Angriffen, wenngleich diese in Polen nur selten pogromartige Ausmaße annahmen. Zwar kam es im 17. Jahrhundert auf dem Gebiet des damaligen polnischen Staates zu Massenmorden, doch wurden diese von Kosaken und ukrainischen Bauern verübt, die sich im Aufstand gegen Polen befanden und den polnischen Adel und das Bürgerstand nicht weniger grausam behandelten. Die religiös motivierte Ablehnung wurde durch eine sozial bedingte verstärkt: Juden galten als Helfer der polnischen »Herren«.

Im 18. Jahrhundert lebten die meisten Juden in Europa auf dem Gebiet des damaligen polnischen Staates – das heißt bevor er aufgelöst wurde. Durch drei Teilungen wurden sie später zu russischen, preußischen und österreichischen Untertanen. Somit befanden sie sich in Staaten, die die Anwesenheit von Juden bislang nicht toleriert oder zumindest erheblich eingeschränkt hatten. Zugleich setzte unter der jüdischen Bevölkerung Polens eine Entwicklung ein, die auf dem ganzen Kontinent zu beobachten war und Haskala (Aufklärung) genannt wurde. Dieses Wort bezeichnete einen tiefgreifenden Akkulturationsprozeß, also die Aneignung von Errungenschaften einer weltlich-europäischen Kultur und, damit einhergehend, die Aufgabe gesonderter Brauchtümer und einer gesonderten Sprache. Langfristig führte dies zur Assimilierung beziehungsweise dazu, daß Juden sich mit der ethnischen Gruppe, die im Land die Mehrheit stellte oder das kulturelle, wirtschaftliche und politische Leben dominierte, identifizierten. Manchmal gaben sie im Zuge dieser Entwicklung sogar ihre alte Religion auf.

Anders als in den Ländern, die weiter westlich gelegenen waren, besonders Deutschland, erfaßte diese Entwicklung im östlichen Teil Europas nur einen relativ kleinen Teil der jüdischen Bevölkerung. Eine Ausnahme stellte das preußische Teilgebiet dar. In den übrigen Staaten und Regionen blieben die meisten Juden ihrer Tradition treu oder modifizierten sie in eine mystische Bewegung, den Chassidismus, der ihr Anderssein sogar betonte.

Und noch eine Besonderheit war im östlichen Teil Europas zu beobachten: Hier existierten Vielvölkerstaaten, Monarchien, deren Bevölkerungsgruppen manchmal miteinander in Konflikt standen. Die beginnenden Assimilierungsbestrebungen der jüdischen Elite warfen das Problem auf, mit wem sie sich identifizieren und gegen wen sie sich abgrenzen sollte. Die Antworten fielen sehr unterschiedlich aus. Anfangs überwog der deutsche Einfluss, was mit dem Ursprung der Haskala, der sprachlichen Verwandtschaft des Jiddischen mit dem Deutschen zusammenhing, aber auch damit, daß in ganz Europa der Einfluß der deutschen Kultur (und im gewissen Maße auch der deutschen Wirtschaft) als stark empfunden wurde. Später spielten politische Momente und die Attraktivität anderer Kulturen eine immer wichtigere Rolle.

Aufgrund ihrer familiären Bindungen, ihres allgemein hohen Bildungsniveaus und ihrer Affinität zur deutschen Sprache trugen assimilierte Juden erheblich dazu bei, das Wissen über die Kunst und Literatur anderer

Länder zu verbreiten. Gleiches galt für neue politische, philosophische und gesellschaftliche Strömungen. In diesem Sinne wurden sie zu Meinungsführern und Kündern eines europäischen Bewusstseins.

In den polnischen Gebieten verlief der Prozess der Akkulturation und Assimilation höchst uneinheitlich. Unter preußischer Herrschaft ging er recht schnell vonstatten und war mit einer hohen Abwanderungsrate nach Deutschland verbunden, so vor allem nach Berlin. Zugleich stellte er einen Vorgang von allgemeiner Bedeutung dar, der zur Folge hatte, daß die Juden hier sich fast ausnahmslos mit Deutschland identifizierten. Im österreichischen und im russischen Teilgebiet verlief er hingegen deutlich langsamer und beschränkte sich fast ausschließlich auf die jüdischen Eliten. Anfänglich ging auch hier der Blick nach Deutschland. In der zweiten Hälfte des 19. Jahrhunderts zeigte sich in den Gebieten, die zu Rußland gehörten, ein doppelter »Trend« zur nationalen Assimilierung: Wo die Polen in der Mehrheit waren, fand eine Polonisierung der jüdischen Eliten statt, wo nicht, eine Russifizierung. Unter österreichischer Herrschaft gewann sehr deutlich die Option für das Polnische die Oberhand, selbst dort, wo Ukrainer die Mehrheit stellten. Die Polonisierung der jüdischen Eliten wurde von den Polen selbst meist positiv aufgenommen.

Mit der fortschreitenden Säkularisierung der europäischen Gesellschaften, besonders ihrer Bildungseliten, verloren antisemitische Argumente religiöser Provenienz zunehmend an Überzeugungskraft. Allerdings verstärkten sich auf dem gesamten Kontinent nationalistische Tendenzen, und der Antisemitismus bildete fast immer einen Grundbaustein nationalistischer Ideologien. Gegen die assimilierte jüdische Bevölkerung wurden höchst unterschiedliche Vorwürfe geäußert. Mit Blick auf ihre Migrationsgeschichte, die staatliche und ethnische Grenze überwand, und ihre grenzübergreifende Solidarität wurde den Juden oft eine große Neigung zu kosmopolitischen beziehungsweise internationalistischen Ideologien wie dem Sozialismus oder auch dem Linksliberalismus nachgesagt. Außerdem bildeten sie eine Gruppe, die häufig in Bereichen tätig war, die für die Existenz und das Selbstverständnis einer Nation von Bedeutung waren: in der Wirtschaft, in der Kultur und im Journalismus. Die Nationalisten waren der Ansicht, daß assimilierte Juden ihren Glaubensbrüdern in einer Art Gruppensolidarität verbunden blieben, sowohl den nichtassimilierten als auch denjenigen, die in anderen Staaten lebten und sich zu anderen Nationalitäten bekannten.

Der traditionelle, religiös motivierte Antisemitismus verband sich mit einem modernen, nationalistischen und wirkte auf breite Bevölkerungsschichten zurück. In Rußland besaß der Antisemitismus fast den Status einer offiziellen Staatspolitik, in Böhmen und in Ungarn führte er zu Gerichtsverfahren wegen angeblicher Ritualmorde, in Frankreich kulminierte er in der Dreyfus-Affäre, im Deutschen Reich trieb er seine Blüten in vielen unterschiedlichen Milieus, und auch in Deutsch-Österreich spiegelte er sich in den Hetzparolen eines Karl Lueger wider, der Ende des 19. Jahrhunderts das Wiener Bürgermeisteramt errang.

Zu dieser Zeit waren die polnischen Gebiete in Europa keineswegs führend in Sachen Antisemitismus. Allerdings wurde dieser in Polen um so aggressiver, je mehr die nationalistischen Strömungen erstarkten, insbesondere seit in den neunziger Jahren eine politisch organisierte, nationalistische Bewegung entstand. Der von ihr propagierte Antisemitismus bediente sich ähnlicher Argumente, wie man sie in anderen europäischen Ländern finden konnte. Im preußischen Teilgebiet erhielt der Antisemitismus zusätzliche Nahrung durch die allgemeine Situation: Die deutsche Obrigkeit betrieb hier eine ausgeprägte antipolnische Politik, und die Juden unterlagen einer Germanisierung. Deshalb wurden Juden und Deutsche häufig in einen Topf geworfen. In die russisch beherrschten Gebiete strömten wiederum Anfang des 20. Jahrhunderts Juden, die von noch weiter östlich herkamen, des Polnischen nicht mächtig waren, sich aber von der russischen Kultur fasziniert zeigten.

Die polnischen Nationalisten hielten den Katholizismus für eine Grundlage der polnischen Identität. Sie taten sich bereits schwer damit, Christen anderer Konfessionen als Polen anzuerkennen; um so weniger waren sie bereit, Juden zu akzeptieren. Aufgrund ihrer Religion oder auch der verbreiteten Areligiosität unter ihren assimilierten Eliten, standen Juden weit außerhalb aller Personenkreise, die als polnisch gelten durften. Selbst jüdische Konvertiten wurden argwöhnisch beäugt und beschuldigt, sich durch die Taufe den Weg zu einer beruflichen Karriere oder einer vorteilhaften Ehe ebnen zu wollen. Daß diese Behauptungen nicht völlig gegenstandslos waren, steht auf einem anderen Blatt. Die Taufe eröffnete vor allem den Weg zum sozialen Aufstieg. Selbst in Milieus, die mit den Nationalisten wenig gemein hatten, waren Juden von gesellschaftlichen Kontakten oder einer beruflichen Laufbahn, die ihrem Bildungsgrad und ihren Fähigkeiten entsprochen hätte, oft ausgeschlossen.

Der Antisemitismus polnischer Nationalisten nahm zu Beginn des 20. Jahrhunderts nur selten gewaltsame Formen an. Zu ihrem grundlegenden Mittel wurde der wirtschaftliche Boykott unter der Parole »ein jeder nur zu den seinigen« (swój do swego), womit jüdische Händler und Handwerker ruiniert werden sollten. In Galizien, im österreichischen Herrschaftsgebiet, kam es darüber hinaus jedoch zu Unruhen, die das Ausmaß von Pogromen hatten. Ihr Auslöser war soziale Demagogie, die sich an polnische Bauern und Handwerker richtete.

Zwar wurde durch den nationalistischen Antisemitismus nicht die Akkulturation der Juden aufgehalten, wohl aber ihr Assimilierungswille geschwächt. Dies war in ganz Europa zu beobachten, besonders in seinen östlichen Teilen. Parallel dazu gewannen zwei Bewegungen an Kraft: der Zionismus, die Herausbildung eines jüdischen Nationalgefühls, und der Sozialismus, der sich zuweilen mit einer nationalen jüdischen Identität verband (wie beim Allgemeinen Jüdischen Arbeiterbund, der seine Klientel als nationale Minderheit verstanden wissen wollten und das Jiddische als »Nationalsprache« propagierte). Manchmal wurde der Sozialismus aber auch als Weg zur Assimilierung beziehungsweise zur Schaffung einer internationalistischen Gemeinschaft begriffen, insbesondere von jenen, die sich vom Sozialismus eine Überwindung antisemitischer Diskriminierungen versprachen. Anfang des 20. Jahrhunderts gewann sowohl die Optionen für den Zionismus als auch die für den Sozialismus immer mehr Befürworter unter den jüdischen Eliten. Damit spielten sie den Nationalisten vermeintliche zusätzliche Argumente für ihren Antisemitismus in die Hände.

Die Ereignisse des Ersten Weltkriegs und der unmittelbaren Nachkriegszeit gaben dem europäischen und polnischen Antisemitismus weiteren Auftrieb. Dies hing auch mit einer allgemeinen Brutalisierung der zwischenmenschlichen Beziehungen zusammen. Die Schuld an einem durch Lebensmittelknappheit bedingten Preisanstieg schob man den Juden zu, die den Kleinhandel kontrollierten. Im östlichen Teil Europas, wo eine Reihe neuer Staaten entstanden war, stellte sich darüber hinaus die wichtige Frage: Mit wem halten es die Juden? Die Antwort hing von verschiedenen Faktoren ab: wie stark Juden am öffentlichen Leben teilnehmen durften, welche Richtung ihre Eliten bei der Assimilierung eingeschlagen hatten, wie sie sich in den Revolutionen positionierten, die gegen Ende des Krieges ausbrachen und vieles andere mehr.

All dies besaß großen Einfluss auf die jüdische Frage in Polen. Den Juden, die sich nicht assimiliert hatten, war es mehrheitlich egal, wessen Untertanen sie wurden. Sie sorgten sich lediglich um ihre persönliche Sicherheit, um die Freiheit des jüdischen Glaubens und um die Möglichkeit, weiterhin ihren bescheidenen Lebensunterhalt verdienen zu können. Eine solche Einstellung war jedoch inakzeptabel für jene politischen Kräfte, die sich um Polens östliche Gebiete stritten, also für Ukrainer, Litauer, Sowjets und die Polen selbst.

Die Bereitschaft, sich jeder Macht zu fügen, die das Ruder der Regierung an sich riss, hatte zur Folge, daß den Juden oft Kollaboration mit dem Feind vorgeworfen wurde. In dieser hitzig-nationalistischen Atmosphäre kam es zu von Polen organisierten Pogromen; am schlimmsten wüteten sie in Lemberg und Pińsk. Nicht anders verliefen Pogrome, bei denen Ukrainer federführend waren, die der jüdischen Bevölkerung wiederum vorwarfen, mit den Polen zu kollaborieren. Und als Polen und Ukrainer die Stadt Stanislau (Stanisławów) nacheinander in ihre Hand bekommen hatten, »rächten« sich jeweils beide an den Juden für ihre angebliche Illoyalität.

Aber es gab auch andere Verhältnisse. Die weitaus meisten Juden, die bislang in den zum Deutschen Reich gehörenden Gebieten lebten, unterstützten während der bewaffneten Kämpfe und der Volksabstimmung in Oberschlesien die deutsche Seite.[8] Als sowjetische Truppen 1920 auf polnisches Gebiet vorrückten, wurden sie von den jüdischen Kommunisten und der Mehrheit der jüdischen Sozialisten enthusiastisch begrüßt. Zahlreiche junge jüdische Menschen, die sich politisch bis dahin noch engagiert hatten, ließen sich von Geschichten über Trotzki und andere bolschewistische Führer, die jüdischer Abstammung waren, faszinieren. Doch dies stellte nur einen kleinen Ausschnitt der jüdischen Bevölkerung dar, gleichwohl fand ihre Stimmung mannigfachen Widerhall. Der deutlich größere Teil hingegen, die traditionsverhafteten jüdischen Milieus, schwieg. Und polonisierte Juden, die die Revolution ablehnten, hat es im Osten ohnehin kaum gegeben.

Das unabhängige Polen wurde als Staat mit demokratischer Verfassung gegründet, der Juden die gleichen Rechte garantierte wie allen. Und den-

8 Es hat drei polnische Aufstände zwischen 1919 und 1921 gegeben. Die Volksabstimmung wurde 1921 durchgeführt.

noch stand ihnen ein großer Teil der polnischen (und auch der ukraini-schen, deutschen und weißrussischen) Bevölkerung ablehnend gegenüber. Einerseits wurden sie verdächtigt, mit den Deutschen zu sympathisieren, andererseits weitete sich das Stereotyp vom »jüdischen« Sozialismus zum verbreiteten Bild der »Judenkommune« (żydokomuna) aus. Und als sich jüdische Politiker um eine Zusammenarbeit mit anderen nationalen Min-derheiten bemühten, wurden sie gar bezichtigt, dem polnischen Staat ge-genüber feindselig zu sein.

Nachdem die bewaffneten Konflikte und Grenzstreitigkeiten beigelegt worden waren, äußerte sich der Antisemitismus in Polen nur noch rela-tiv selten in Form physischer Gewalt. Er war eher in der Propaganda zu spüren, in den Verlautbarungen nationalistischer Gruppierungen und in den Predigten von Priestern. Weiterhin wurde der Boykott als wichtigste Maßnahme gegen die Juden angesehen – flankiert von der Nichtzulassung zu öffentlichen Ämtern und der Nichtberücksichtigung bei der Vergabe öffentlicher Aufträge. Ferner gab es Forderungen, wenngleich sie zunächst weitgehend wirkungslos blieben, die Annahme jüdischer Schüler und Stu-denten an den staatlichen Mittel- und Hochschulen zu begrenzen und Juden den Zugang zu den freien Berufen zu versperren.

Seit dem Ende der zwanziger Jahre nahm die jüdische Frage überall in Europa eine krisenhafte Wendung. Sicherlich spielte für den kruden Antisemitismus, der immer lauter und martialischer wurde, die massive Frustration ein Rolle, die die schwere Weltwirtschaftskrise nach sich zog. Die deutschen Nationalsozialisten, die mit physischer Gewalt gegen Juden drohten und in beschränktem Maße bereits praktizierten, wirkten wie ein Fanal. Auch in vielen anderen Ländern wurden Schlägertrupps der extre-men Rechten aktiv. Der Antisemitismus entwickelte sich immer mehr zu einer europäischen Psychose.

In Polen gewann die jüdische Frage in den dreißiger Jahren immer mehr an Brisanz. Die Nationalisten gingen dazu über, Juden systematisch einzuschüchtern und sogar physische Gewalt gegen sie anzuwenden. Die übrigen politischen Gruppierungen, die es bislang abgelehnt hatten, die Bürgerrechte der jüdischen Bevölkerung zu beschneiden, schwenkten auf eine Taktik des ökonomischen Kampfes um und wollten den Juden das allgemeine und gleiche Recht auf Bildung und Arbeit aberkennen. Allein die Sozialisten, Kommunisten und die wenigen Linksliberalen distanzier-ten sich von jeglicher Form des Antisemitismus.

Diese Entwicklung war im Europa der dreißiger Jahre nicht unge-
wöhnlich, besonders im Osten, und doch kam ihr in Polen eine herausragende Bedeutung zu: In einem Land, dessen Einwohnerschaft zu rund
zehn Prozent jüdischer Herkunft war, durfte die Art, wie Juden behandelt
werden, durchaus als Frage von gesamtstaatlicher Bedeutung gelten. War
der Antisemitismus in Polen stärker verbreitet als in anderen europäischen
Ländern? Sicherlich hatte er hier deutlich mehr Möglichkeiten, sich zu
äußern. In der westeuropäischen Provinz traf man nur selten einen Juden,
der aufgrund seiner Sprache oder seines Aussehens als solcher zu erkennen
war. In Polen waren solche Begegnungen an der Tagesordnung.

Der Zweite Weltkrieg barg von Anfang an große Erschwernisse und
Gefahren für die jüdische Bevölkerung. Die deutschen Besatzer versuchten, antijüdischen Ressentiments auszunutzen, fanden damit aber nur wenig Anklang, sieht man von einigen moralisch fragwürdigen Elementen ab.
Diesen Leuten diente die Art und Weise, wie die Juden von den Deutschen
mißhandelt und »entmenschlicht« wurden, als Vorbild für das eigene Verhalten. Die Funktionäre der deutschen Okkupationsmacht, manchmal
auch junge Soldaten, machten sich ein Vergnügen daraus, Juden zu quälen
und zu erniedrigen. In den Propagandaverlautbarungen wurden diese mit
schädlichen Insekten verglichen, die es zu vernichten gelte. Ihr Leiden hat
die traditionelle Abneigung vieler Polen gegenüber Juden eher abgemildert
als angespornt. Doch beseitigt hat die Feindschaft gegen die Deutschen
den Antisemitismus nicht, sondern eher in den Hintergrund gedrängt. Anders sah die Lage allerdings im sowjetischen Herrschaftsbereich aus. Hier
wurden die antisemitischen Stimmungen unter der polnischen Bevölkerung stärker, man empörte sich vor allem über die herausgehobene (wenn
auch nicht dominierende) Rolle, die Juden im sowjetischen Machtapparat
spielten. Dies stand im Widerspruch zur diskriminierenden Personalpo-
litik, die zur Zarenzeit beziehungsweise im unabhängigen Polen üblich
gewesen war. Darüber hinaus hatten einige Gebiete, die unter sowjetischer
Herrschaft standen, vor dem Krieg zu den Hochburgen des polnischen
Nationalismus gehört.

Gerade in diesen Gebieten kam es 1941 massenweise zu Morden, die
von polnischen Nachbarn verübt wurden. In einigen kleineren Städten
fiel die gesamte jüdische Bevölkerung den Massakern zum Opfer. Dieses
viele Jahre lang verschwiegene Fragment des Holocaust, das von polnischer
Hand verübt wurde, fand seine Entsprechung in ukrainisch bewohnten

Gebieten und im Baltikum. Überall spielten dieselben Faktoren eine Rolle: religiöse und nationalistische Argumente, die gegen Juden gerichtet wurden, jene antisemitische Psychose, die seit den dreißiger Jahren andauerte, die Popularität antisemitischer Stereotype wie das von der »Judenkommune«, die Brutalität der sowjetischen Politik, die vielerorts als Handlungsanleitung verstanden wurde, und schließlich die Ermutigungen zur Unmenschlichkeit durch das deutsche Okkupationsregime.

In allen polnischen oder teilweise von Polen bewohnten Gebieten wurden die Juden in Gettos gezwungen. Auf diese Weise vertiefte sich die bereits weit vorangeschrittene Isolation beider Gesellschaften noch weiter. Während der ersten Jahren der deutschen Besatzung hat sich die Mehrheit der Polen nicht für das Schicksal der Juden in den Gettos interessiert. Nur gelegentlich kam sie an Informationen heran. Doch in dem Maße, wie die Repressionen, die dem Holocaust vorangingen, verschärft wurden (wobei man das Massensterben in den Gettos durch Hunger und Krankheit bereits als seine erste Phase bezeichnen kann), tauchte ein neues Problem auf.

Anfänglich entschied sich eine kleine Gruppe von Menschen jüdischer Abstammung, hauptsächlich Konvertiten und vollständig polonisierte Familien, verbotenerweise außerhalb der Gettos zu bleiben. Dies war eigentlich nur in wenigen größeren Städten möglich. Doch mit der Zeit bewogen die elenden Lebensbedingungen in den Gettos eine immer größere Zahl, auf die »arische« Seite zu wechseln. Weiterhin wagten diesen Schritt fast ausschließlich assimilierte Juden. Aber seit 1942 gab es auch andere, die vor der Vernichtung geflohen waren, die sich manchmal im Wald versteckten, bei befreundeten Polen, auf dem Land oder in den Kleinstädten.

Die Gruppe derer, die sich entschlossen, Juden ohne Rücksicht auf ihre eigene Person zu helfen, war relativ klein. Ebenso klein war die Zahl jener, die aus der Hilfe wirtschaftliche Vorteile zogen. Trotzdem gab es in Polen – legt man den Titel »Gerechter unter den Völkern« zugrunde – mehr Menschen, die Juden geholfen haben als in jedem anderen Land unter deutscher Besatzung. In Polen lebte die größte Zahl europäischer Juden. Die weitaus meisten von ihnen wurden umgebracht, doch gelang es – in absoluten Zahlen – auch nirgendwo sonst in Europa so vielen, sich zu verstecken.

Eine recht kleine Gruppe von Polen spielte den Besatzern Juden direkt und indirekt in die Hände. Denunzianten, die keinen eigenen Vorteil suchten, gab es wenige, und nur einige polnische Polizisten haben eilfertig deutsche Befehle ausgeführt. Größer war die Zahl derer, die Juden, welche sich versteckten, all ihrer Habe beraubten, indem sie drohten, sie an die Deutschen auszuliefern. Einige taten dies, weil sich die Gelegenheit bot. Andere betrieben das Geschäft der Erpressung quasi berufsmäßig – sie schlenderten über die Bahnhöfe und Straßen, beobachteten Personen, die durch Aussehen und Benehmen verdächtig wirkten, oder sie versuchten zu erfahren, an welchen Orten sich Juden versteckt hielten.

Die weitaus größte Gruppe stellten die Gleichgültigen dar – sei es aus Überzeugung oder Angst. Daß sich die Hilfe von Polen in Grenzen hielt, war manchmal auf traditionelle antisemitische Ressentiments zurückzuführen oder auf Gleichgültigkeit gegenüber Fremden, die schon zuvor sehr isoliert gelebt hatten. Doch der wichtigste Hinderungsgrund war Angst vor den Deutschen, vor gierigen oder missgünstigen Nachbarn und vor berufsmäßigen Erpressern. Wer in Polen Juden versteckte, mußte damit rechnen, daß die Besatzer ihn und seine ganze Familie mit dem Tode bestraften, falls man entdeckt würde, und die Vollstreckung solcher Urteile wurde öffentlich angekündigt.

Die Haltung der Polen gegenüber den Judenverfolgungen war nicht anders als im gesamten besetzten Europa, obwohl das Risiko hier für alle höher war. Überall wurde die Vernichtung der Juden von Gleichgültigkeit und Angst, manchmal aber auch von antisemitischen Überzeugungen begleitet. Die Motive derer, die Juden halfen, ähnelten sich. Entweder waren es politische Überzugengen, vor allem sozialistische und kommunistische; oder der stark empfundene christliche Glaube, der als Pflicht zur Nächstenliebe verstanden wurde, nicht zur Abneigung gegen Ungläubige; oder eine humanistische Erziehung, die sich in der Wertschätzung menschlichen Lebens und menschlicher Existenz niederschlug.

Das Ende des Krieges und der Beginn des Friedens brachte eine Wendung in der jüdischen Frage mit sich, die schwerlich zu erwarten war. Obwohl schätzungsweise kaum zehn Prozent der polnischen Juden überlebt hatten, lebte der Antisemitismus in seiner extremsten Form wieder auf. Dafür gab es verschiedene Gründe. Der wichtigste war wohl in dem Umstand zu finden, daß die Mehrheit der polnischen Bevölkerung das Kriegsende mit anderen Gefühlen erlebte als jene Juden, die in der sowjetischen Verbannung oder im Land selbst überlebt hatten. Für die Polen bedeutete die kommunistische Herrschaft eine tiefe Enttäuschung, häufig sogar eine neue Okkupation. Für die jüdische Bevölkerung hingegen bedeutete sie Rettung vor dem Tod, Rückkehr zu einem menschlichen Dasein und Wiedereinsetzung in ihre Menschenrechte.

Nach dem Krieg wurde der Stereotyp von der »Judenkommune« gleichsam aktualisiert. Im neuen Regierungsapparat traten nun Juden offen in Erscheinung, manche besaßen eine kommunistische Vergangenheit, manche waren neue Adepten der kommunistischen Ideologie. Unter jenen Kommunisten, die aus der Sowjetunion zurückkehrten, wo sie oft lange Jahre in Lagern oder in der Verbannung verbringen mußten, war der Anteil von Juden relativ hoch, was der Zusammensetzung der Partei in der Vorkriegszeit entsprach. Im antikommunistischen, bewaffneten Untergrund war die nationalistische Bewegung besonders stark vertreten. Für sie wurden die Juden erneut zum Kollektivfeind, ähnlich wie die Mitglieder der Kommunistischen Partei. Häufig wurden sie zur Zielscheibe von Mordanschlägen. Als Reaktion darauf verstärkten sich unter der jüdischen Bevölkerung zwei Tendenzen: Emigration oder, besser gesagt, Flucht aus Polen, dem Land, wo ihre Familien vernichtet worden waren und wo ihnen weiterhin Gefahr drohte; oder aber die Suche nach einem Platz bei den Kommunisten. So schloß sich der Kreis.

Da war aber noch ein weiteres gravierendes Problem, das eher mit der Brutalisierung durch den Krieg und die Nachkriegszeit zu tun hatte als mit der Politik. Vor allem in kleinen Städten mußten Überlebende des Holocaust, die zurückkehrten, sehen, daß ihr bewegliches Eigentum und ihre Liegenschaften den Besitzer gewechselt hatte. Ihre ehemaligen polnischen Nachbarn hatten sich die Güter angeeignet. Viele Bewohner dieser Kleinstädte befürchteten nun, die Habe an den rechtmäßigen Eigentümer oder einen Erben zurückgeben zu müssen. Für die Menschen, denen der Krieg jegliche Skrupel genommen hatte, die sich an die Entmenschlichung der Juden gewöhnt hatten und von einer neuen Welle des Antisemitismus mitgerissen wurden, zeichnete sich eine einfache »Lösung« ab: töten!

Die Einstellung des neuen Regimes zur jüdischen Frage war keineswegs einfach. Ein großer Teil der überlebenden Juden war polonisiert und gebildet. Da die übrige – das heißt die christliche – Intelligenz dem Kommunismus mit Mißtrauen begegnete, hielt das Regime es für unumgänglich, mit gebildeten Juden zusammenzuarbeiten und ihnen selbst höhere Posten anzuvertrauen. Die neuen Machthaber waren sich jedoch bewußt, wie stark der Stereotyp der »Judenkommune« wirkte, und bemühten sich, öffentliche Auftritte von Juden zu begrenzen. Am liebsten beschäftigte man sie in den zentralen staatlichen Institutionen, wenn auch nicht an höchster Stelle, oder im nur selten öffentlich agierenden, aber sehr gut ausgebauten Repressionsapparat, dem Sicherheitsdienst. Dies hatte zu Folge, daß die Aktivitäten und Missbräuche dieses Apparates von einer breiteren Öffentlichkeit den Juden zugeschrieben wurden, obwohl die Funktionäre mehrheitlich Polen waren und Schlüsselpositionen mit sowjetischen Fachleuten besetzt waren.

Mit Blick auf die damalige Außenpolitik der Sowjetunion unterstützte man die Auswanderung nach Palästina, vor allem von jenen Kommunisten, die mit der polnischen Sprache und Kultur nicht viel gemein hatten. In Polen gab es für sie nur schwer Verwendung, aber im politischen Leben des gerade entstehenden jüdischen Staates, so hoffte man, würden sie eine aktive Rolle übernehmen. Auch solcher Juden, die keine Kommunisten, aber Anhänger des Zionismus waren, entledigte man sich gern. Das Ergebnis dieser Politik war, daß die Mehrheit der jüdischen Bevölkerung bereits in den ersten Jahren der kommunistischen Herrschaft aus Polen auswanderte. Jene, die zurückblieben, waren zumeist Kommunisten oder politisch passive, polonisierte Angehörige der Intelligenz. Eine Ausnahme bildeten größere Gruppen jüdischer Arbeiter und Handwerker in Niederschlesien.

Besonderer Erwähnung bedarf das antijüdische Pogrom von Kielce im Juli 1946, das ein enormes internationales Echo fand. Zweifelsohne war dies eine Folge des wiedererstarkenden Antisemitismus in seiner extremen Form. Eine aufgebrachte Menschenmenge, die von einem vermeintlichen Ritualmord erfahren haben wollte, zog gegen eine kleine Gruppe von Juden los. Die Umstände, unter denen dieses Gerücht in die Welt gesetzt worden war, blieben im Unklaren. Die Ausschreitungen fanden in einem sehr speziellen Moment statt: unmittelbar nach dem Referendum vom Juni 1946 über die Grundlagen des Systems und vor der Bekanntgabe der gefälschten Ergebnisse, es war von Einschüchterungen und Unregelmäßigkeiten begleitet. Die Abstimmung sollte die Macht der Kommunisten legitimieren. Durch das Pogrom wurde Polen auf internationaler Ebene kompromittiert. Der üble Beigeschmack dieses Ereignisses haftete jedoch vor allem den Gegnern der Kommunisten an. Kielce hat auch die jüdische Emigration aus Polen erheblich verstärkt.

Wenn wir herausfinden wollen, was im Vergleich zu anderen europäischen Ländern das Besondere an der jüdischen Frage in Polen war, so
finden wir die Antwort am ehesten in der unmittelbaren Nachkriegszeit.
Nach dem Holocaust war der Antisemitismus nur noch in den baltischen
Ländern und der Westukraine ähnlich stark verbreitet und in seinen Formen so extrem und aggressiv wie in Polen. Dort stellte sich die Judenfeind-
schaft jedoch als Fortsetzung des Holocaust und der zeitweisen Kollaboration mit den deutschen Besatzern dar, in die organisierte, nationalistische
Kreise unmittelbar involviert gewesen waren.

Wo lagen nun aber die Ursachen für die Besonderheit des polnischen
Falles? Im traditionellen Antisemitismus? In der Brutalisierung durch den
Krieg? Oder lag es auch an der Enttäuschung eines Landes, für dessen
Freiheit im Krieg gekämpft wurde das nach dem Sieg seiner Verbündeten
eben diese Freiheit verlor? War es die blinde Suche nach Schuldigen aus
der Überzeugung heraus, selbst zu den Geschädigten zu hören? War es
der Glaube an eine antipolnische Verschwörung, der sich im Stereotyp
von der »Judenkommune« offenbarte? All dies mag eine gewisse Rolle
gespielt haben, führte aber letztlich zu einer Haltung, die im Europa der
Nachkriegszeit, das von den Methoden und dem Ausmaß des Holocaust
entsetzt war, großes Befremden hervorrief.

Das diktatorische System, das Polen aufgezwungen worden war, erwies sich in den folgenden Jahren als unfähig, das Stereotyp der »Judenkommune«, den ein erheblicher Teil der polnischen Bevölkerung in ihren
Köpfen hatte, unschädlich zu machen. Da das diktatorische System nicht
aufhören konnte, »Kommune«, also kommunistisch, zu sein, erneuerte es
seine Versuche, sich zumindest vom Anschein des Jüdischen zu befreien.
Die Methode, zu der man griff, war denkbar einfach: Vertrauenskrisen
wurden benutzt, um den Machtapparat zu säubern, Leute zu beseitigen,
die jüdischer Herkunft waren, und zu verkünden, daß sie die Verantwortung für sämtliche Unzulänglichkeiten, Fehler und Verbrechen trügen.

Nach sowjetischem Vorbild wurde der erste Versuch dieser Art bereits
gegen Ende der Stalin-Herrschaft unternommen, doch erregte er in Polen
kein Aufsehen und wirkte sich kaum aus. Ein weiterer Versuch wurde
1956, in der Phase der Entstalinisierung gestartet. Die Gegner einer Li-
beralisierung des Systems – früher selbst häufig an Verbrechen beteiligt –
wollten die Verantwortung für alle Fehler der vorangegangenen Politik auf
die Kommunisten jüdischer Herkunft abwälzen. Gleichzeitig wurde die

Grenze für Juden, die Polen verlassen wollte, noch einmal geöffnet, und so emigrierten Tausende von Menschen, darunter viele, die vom Kommunismus enttäuscht waren.

Dies blieb jedoch nicht der letzte Akt der polnisch-jüdischen Tragödie. Nach dem Ausbruch des Sechstagekrieges 1967 kehrte sie noch einmal auf die politische Agenda Polens zurück. Wieder wurde versucht, die jüdische Frage zu instrumentalisieren, um dem polnischen Kommunismus einen neue, nationalistische Orientierung zu geben. Für die politisch fehlerbehaftete Vergangenheit des Regimes wurden erneut die Juden verantwortlich gemacht. Wer von ihnen jetzt noch in Polen lebte, war meist vollständig polonisiert. Trotzdem wurden auch sie beschuldigt, Israel unterstützt und so das polnische Staatsinteresse verletzt zu haben. Sie wurden von ihren Posten entfernt, manche sogar entlassen und gedrängt, außer Landes zu gehen. So folgte die nächste jüdische Auswanderungswelle.

Permanent griffen die Kommunisten des sowjetischen Machtbereichs zum Mittel antisemitischer Propaganda, da stellte Polen keine Ausnahme dar – angefangen beim Kampf gegen den Zionismus zu Beginn der fünfziger Jahre bis hin zur Unterstützung der arabischen Seite im Nahostkonflikt durch den gesamten Ostblock. Doch nirgends bediente man sich antisemitischer Parolen und Gefühle so unverschleiert und häufig wie in Polen, besonders während der Proteste von 1968.

Bedeutet dies, daß sich Polen durch seinen Antisemitismus vom übrigen Europa abhob? Ja und nein. Der Antisemitismus der Kampagnen von 1967/68 besaß einen offiziellen, verbindlichen Charakter und wurde von den staatlich kontrollierten Medien propagiert. In diesem Sinne könnte er auch unauthentisch gewesen sein, wie alle Verhaltensweisen, mit denen die Bevölkerung demonstrierte, sich den Befehlen und Verboten der Behörden zu fügen. Doch lag dieser antisemitischen Kampagne die Überzeugung der kommunistischen Machthaber zugrunde, Ressentiments anzusprechen, um die von großen Gruppen der Bevölkerung geteilt würden und sich benutzen ließen, die Vergangenheit zu rechtfertigen. Diese Annahme war nicht ganz unbegründet, zumindest bei einem Teil der öffentlichen Meinung; der andere war hiervon sehr enttäuscht.

Nach 1968 spielte die jüdische Frage im öffentlichen Leben Polens keine wesentliche Rolle mehr. Bis zum Zusammenbruch des Kommunismus wurden zwar immer wieder antisemitische Argumente bemüht, und zwar sowohl von Verteidigern wie Gegnern des Systems. Doch das waren

Einzelfälle, die kaum auf fruchtbaren Boden fielen. Ähnlich verhielt es sich nach der Systemtransformation Ende der achtziger Jahre. Für die Bekämpfung des Antisemitismus war es äußerst wichtig, daß die Katholische Kirche und Papst Johannes Paul II. persönlich ihn verurteilten. Dies verhinderte allerdings nicht, daß antisemitische Ansichten einige Male im Wahlkampf wie auch in »Radio Maryja« zu hören waren, das eine recht große Hörerschaft besitzt (doch von einem Teil der Kirchenleitung kritisiert wird).

Für ein Land, in dem fast keine Juden mehr leben (abgesehen von einem kleinen Häufchen, zu denen auch Leute zählen, denen jüdische Tradition und Religion völlig fremd geworden sind), ist der Antisemitismus in Polen nach wie vor recht verbreitet. Aber stellt dies in Europa eine polnische Besonderheit dar? Ist verdeckter Antisemitismus nicht überall mehr oder weniger stark zu spüren, häufig hinter der Maske linker Sympathien für die arabische Welt und latenter Israelfeindschaft? Es ist schwer, auf diese Fragen eindeutige Antworten zu finden.

Der Katholizismus blickt in Polen auf eine lange Geschichte zurück. Seit dem 10. Jahrhundert grenzte der katholische Staat im Osten an einen orthodoxen Nachbarn, die Kiewer Rus beziehungsweise Rußland, und später lange an das Reich der islamischen Tataren beziehungsweise an das Türkische Reich, das die Tataren protegierte. Die Reformation war in Polen eine marginale Erscheinung. Das Land selbst hingegen war regelrecht eingekreist von den protestantischen deutschen Staaten im Westen, Schweden im Norden sowie der Orthodoxie und dem Islam im Osten beziehungsweise Süden.

Dabei ergab sich in Polen eine für das damalige Europa ungewöhnliche politisch-religiöse Konstellation. Polen war zwar katholisch, aber zu seinem Machtbereich gehörten auch riesige Gebiete, in denen Orthodoxe lebten, sowie Städte mit hohem Protestanten-Anteil wie Danzig. Der Versuch, der orthodoxen Bevölkerung den Katholizismus mithilfe einer Kirchenunion aufzuzwingen – und sei es nach einem östlichen Ritus – hatte nur teilweise Erfolg. Aus Furcht vor innerstaatlichen Konflikten einerseits, die ein Nachbarland ausnützen könnte, und wegen einer schwachen Monarchie andererseits wurde in Polen der Grundsatz »*cuius regio, eius religio*« nicht angewandt.

Auf dem polnischen Katholizismus lasteten die Jahrzehnte, in denen das Land zwischen den benachbarten Großmächten aufgeteilt wurde. Österreich war katholisch, Preußen protestantisch und Rußland orthodox. Im Zuge der Auflösung der polnischen Staatlichkeit wurde die polnische Sprache von einer Zweideutigkeit befreit, die sich vorher aus ihrem multinationalen beziehungsweise multikonfessionellen Verständnis speiste. Die semantische Gleichsetzung »Pole = Katholik« trat nun klar hervor.

Trotz eines deutlichen Trends zur Säkularisierung, der besonders die gebildeten Schichten in der zweiten Hälfte des 19. Jahrhunderts ergriff, wuchsen dem Katholizismus durch die Repressionen, die sich ebenso gegen nationale Bestrebungen richteten, neue Kräfte zu. Maßnahmen im russischen Herrschaftsgebiet, die sich direkt gegen die katholische Kirche richteten, waren eher selten und beschränkten sich meist auf Fälle, in denen sich die Glaubensgemeinschaft zur Verteidigung der nationalen polnischen Identität aufrafften. Allein der Umstand, daß in den polnischen Gebieten die Gewalt von einem Regierungsapparat ausging, der nicht nur in nationaler, sondern auch in konfessioneller Hinsicht fremd war, verlieh den Repressionen, vor allem bei Aufständen, den Charakter eines Kampfes gegen Polentum und Katholizismus.

Einen stärker organisierten, ja ganzheitlichen Charakter besaßen die Maßnahmen, die im preußischen Teilgebiet während des Kulturkampfes gegenüber den Katholiken getroffen wurden. Obschon der Kulturkampf von seinem Initiator Bismarck nicht als Versuch zur Entnationalisierung der Polen gedacht war – das sollte später noch kommen –, wurde er in den polnischen Gebieten gleichwohl so empfunden aufgrund der engen Verbindung zwischen Polentum und Katholizismus. Die katholische Geistlichkeit stellte hier die größte Gruppe innerhalb der Bildungsschicht und setzte sich, von Schlesien abgesehen, zum allergrößten Teil aus Polen zusammen.

Die nationalistische Bewegung, die sich in Polen herausbildete, ging davon aus, daß der Katholizismus einen Grundpfeiler des nationalen Lebens bilden müsse. Dies hatte im Übrigen nicht immer mit den religiösen Überzeugungen Ihrer Gründer zu tun – denn Roman Dmowski, ihr Hauptideologe, war Agnostiker und sah in der Berufung auf den Katholizismus lediglich ein Mittel zum Zweck. Mit der Herausbildung des Nationalismus erlangte die Gleichung »Pole = Katholik« einen politischen Charakter, auch in der Innenpolitik. Sie richtete sich gegen die Sozialisten (und später auch gegen die Kommunisten), die internationalistische Ideen proklamierten. Ein Teil der Geistlichkeit, vor allem der niederen, stand der nationalistischen Bewegung nahe, während die Kirchenleitung eher die Konservativen bevorzugte.

Im Staat Polen, der nach dem Ersten Weltkrieg wiedererrichtet wurde, besaß der Katholizismus eine besondere Position. Die Verfassung von 1921 enthielt folgende Formulierung: »Die römisch-katholische Konfession, die die Religion der überwiegenden Mehrheit des Volkes darstellt, nimmt im Staat den höchsten Rang unter den gleichberechtigten Konfessionen ein.« Darin lag ein gerüttelt Maß Uneindeutigkeit, die an den Orwell'schen Satz »alle sind gleich, doch manche sind gleicher« gemahnt. Man muß dabei allerdings feststellen, daß die verfassungsmäßige Bevorzugung einer einzelnen Konfession zwar vom laizistisch-französischen Vorbild, dem manche

Staaten folgten, abwich, jedoch im damaligen Europa keine Ausnahme darstellte, weder in überwiegend katholischen noch orthodoxen oder protestantischen Staaten.

Es ist bezeichnend, daß in der Verfassung der Begriff römisch-katholisch benutzt wurde, der nach allgemeinem Verständnis den griechisch-katholischen Ritus, dem der größte Teil der im polnischen Staat lebenden Ukrainer anhing, nicht umfaßt. Die Ausformulierung der Verfassung erhielt somit einen nationalen Akzent, da sich die Griechisch-Katholischen zwar zur selben Religion bekennen wie die Römisch-Katholischen, aber dennoch ein Unterschied gemacht wurde, der auf die Ukrainer zielte.

In der ersten Phase der staatlichen Unabhängigkeit Polens, also bis zum Jahr 1926, wurde das Band zwischen der nationalistischen Bewegung und der katholischen Geistlichkeit immer fester. Der Niedergang des Konservatismus ließ viele Bischöfe zu der Überzeugung gelangen, daß allein die Nationalisten vertrauenswürdige Verteidiger der Religion seien. Man wollte nicht sehen, daß der Nationalismus sich schlecht mit dem katholischen Universalismus vertrug, denn der polnische Nationalismus richtete sich in der Hauptsache gegen Völker, bei denen eine andere Konfession dominierte. Die Gleichung »Pole = Katholik« erlangte noch eine weitere politische Dimension, zunächst im Krieg gegen das atheistische Sowjetrußland und später im Kampf gegen den Kommunismus: Katholische Milieus, darunter auch die Kirchenleitung, schreckten nicht davor zurück, das Stereotyp von der »Judenkommune« zu benutzen.

Die Lage veränderte sich, als die Gegner der nationalistischen Bewegung, die sich um Piłsudski gesammelt hatten, an die Macht kamen. Obwohl der niedere Klerus weiterhin stark vom Nationalismus beeinflusst wurde, überwog in der Kirchenleitung bald der Wunsch, sich mit dem regierenden Sanacja-Regime zu verständigen. Eine gewisse Rolle spielte dabei auch die Tendenz der nationalistischen Bewegung, in politischen Auseinandersetzungen sowie bei antisemitischen Aktionen physische Gewalt anzuwenden. Obwohl sich die Kirche vom Antisemitismus selbst nicht distanzierte und, einer christlichen Tradition folgend, vor den Juden warnte, die angeblich dem Verfall der Sitten Vorschub leisteten, die Kultur vergifteten und in der Wirtschaft ein schädliches Übergewicht besäßen, verurteilten führende Kirchenmänner doch die offene Gewalt und folgten damit der Regierungslinie.

Manche katholischen Intellektuellenkreise, insbesondere die Eleven der katholischen Studentenorganisation »Wiedergeburt« (Odrodzenie) gingen da schon sehr viel weiter. Ihr Interesse weckte die geistige Suche von katholischen Intellektuellen in Westeuropa, insbesondere der Schöpfer der personalistischen Philosophie und der Autoren der französischen Monatschrift »L'Esprit«. Ähnliche Tendenzen waren auch in einigen geistlichen Orden zu beobachten, die am intellektuellen Leben teilnahmen. Auf die Religiosität der breiten Bevölkerung hatte dies alles jedoch nur geringen Einfluß.

So also war es um den polnischen Katholizismus während des Zweiten Weltkriegs bestellt. Beide Mächte, die Polen damals besetzt hielten, sahen in der Geistlichkeit und in katholischen Zirkeln Gegner, die es zu vernichten galt.

In Deutschland und vielen besetzten Ländern verschob das nationalsozialistische Regime die Auseinandersetzung mit dem Katholizismus auf spätere Zeiten. In Polen hingegen betrachtete es diese Angelegenheit als vordringlich. Zweifelsohne trug hierzu das Stereotyp »Pole = Katholik« bei. Da die Polen zu rechtlosen Untertanen des »Dritten Reiches« degradiert und terrorisiert werden sollten, galt es, ihre seelische Widerstandskraft zu brechen und ihre Eliten zu vernichten. Diesem Vorhaben stand die katholische Kirche, die eine führende Rolle innehatte, erheblich im Wege.

Die deutschen Besatzer engten das Bekenntnis zum katholischen Glauben nicht ein und verboten auch seine zeremonielle Ausübung nicht. Sie tolerierten sogar, daß die Religion in der polnischen Bevölkerung einen enormen Aufschwung erfuhr, was viel darüber sagte, wie sehr die Menschen sich damals bedroht fühlten. Bei Priestern, einigen Bischöfen, weltlichen Politikern und katholischen Funktionären schlugen die Nationalsozialisten hingegen hart zu. Unter den Gruppen, die schon in der ersten Phase der Okkupation in die Konzentrationslager geschickt wurden, stellten die Geistlichen eine der größten dar. Viele von ihnen verloren dort ihr Leben. Das sollte jene, die auf freiem Fuß geblieben waren, einschüchtern, gefügig machen und ihnen signalisieren, daß sie von nationalen Initiativen besser die Finger ließen. Radikalere Maßnahmen ergriffen die Deutschen gegen den ganzen Klerus nicht, womöglich weil sie einen offenen Konflikt mit dem Vatikan oder eine weitere Stärkung des polnischen Widerstandswillens vermeiden wollten.

Die deutschen Besatzungsbehörden erreichten ihre Ziele nur bedingt. Zwar rief der Bischof in Oberschlesien dazu auf, sich in eine von den Besatzern aufoktroyierte Nationalitätenliste einzutragen, die sogenannte »Deutsche Volksliste«, doch hatte er sich darüber zuvor mit der Widerstandsbewegung verständigt. Viele Geistliche hielten Kontakt zu politischen Institutionen im Untergrund, andere betätigten sich als Seelsorger in bewaffneten Widerstandsgruppen und späterer auch in Partisanenverbänden.

Die Kirche als Institution engagierte sich nicht gegen den Holocaust. Eine relativ große Zahl geretteter Juden, vor allem Kinder, verdankte ihr Leben jedoch der Möglichkeit, in einem Waisenhaus oder Internat, das von einem katholischen Orden geleitet wurde, unterzutauchen. An der Spitze der Untergrundorganisation »Żegota«, die sich zum Ziel gesetzt hatte, Juden auf der Flucht vor den Nazis zu helfen, stand die katholische Schriftstellerin Zofia Kossak-Szczucka, die aus ihren antisemitischen Ansichten keinen Hehl machte. Allerdings ordnete sie ihre persönlichen Ressentiments der christlichen Pflicht unter, jeden Menschen zu retten, was sich ihrer Ansicht nach aus der Heiligen Schrift ableitete.

Die sowjetischen Behörden haben zwischen 1939 und 1941 den Katholizismus auf eine ähnliche Weise verfolgt wie alle anderen Religionen. Moskau propagierte den Atheismus. Leute, die sich öffentlich zu ihrer Religion bekannten, verloren ihre Arbeit. Viele Priester und katholische Amtsträger wurden Opfer scharfer Repressionen. Die einen endeten im Lager, wo ihre Überlebenschancen gering waren, die anderen wurden weit nach Osten deportiert, wo sie sich niederlassen mußten. Etwas weniger konsequent wiederholte sich dieser Vorgang gegen Ende des Krieges, als die Sowjetunion erneut Gebiete kontrollierte, in denen eine größere Zahl von Polen lebte.

Die Kriegserlebnisse bestärkten die meisten Polen in der Überzeugung, daß der Katholizismus einen wichtigen Teil ihrer nationalen Identität ausmache. Die Besatzer wurden als Feinde des Volkes *und* der Religion betrachtet. Die Gleichung »Pole = Katholik« schien sich zu bestätigen, doch förderte sie auch die Ansicht, Polen sei eine »belagerte Festung« und werde von der Kirche kommandiert. Zwar nahm die Zahl von Gläubigen auch in einigen anderen Ländern vorübergehend zu, doch generell überwog die Kritik an den Kirchen (nicht nur an der katholischen), weil sie den Verbrechen des Krieges nicht entschieden genug entgegengetreten waren.

Durch seinen Katholizismus hob Polen sich auch in den folgenden Jahren von allen anderen Ländern des Ostblocks ab. Außer in Polen existierten katholische Bevölkerungsmehrheiten nur noch in der Tschechoslowakei und in Ungarn. Doch in keinem dieser Länder konnte die katholische Kirche für sich in Anspruch nehmen, eine nationale Instanz wie in Polen zu sein. Tschechien hatte in seiner Geschichte die national und religiös motivierten Hussitenkriege erlebt, und die Dominanz des Katholizismus war nur mit fremder Gewalt wiederhergestellt worden. In der Slowakei hatte sich im Zweiten Weltkrieg die katholische Kirche dadurch kompromittiert, daß sie mit der Diktatur und den Deutschen kollaborierte. In Ungarn stellten die Protestanten einen erheblichen Teil der Bevölkerung sowie der politischen und intellektuellen Eliten.

Die Anfänge der kommunistischen Herrschaft in Polen waren von einer gewissen Nachgiebigkeit gegenüber der katholischen Kirche gekennzeichnet. Da die Mehrzahl der Polen den Kommunismus ablehnte und es eine bedeutende illegale wie legale Opposition gab, wollte man die Kirche und die katholischen Kreise davon abhalten, politisch in Aktion zu treten. Sie mußten die Situation ja nicht öffentlich billigen, sollten sich aber im Stillen mit ihr abzufinden.

Mit dem Einverständnis der katholischen Kirchenleitung in Polen begann ein Kreis von Intellektuellen, der vor dem Krieg vom Personalismus beeinflusst war, mit der Herausgabe der Zeitung »Tygodnik Powszechny« (Allgemeines Wochenblatt). Sie war für Jahrzehnte das einzige populärere katholische Massenmedium, verzichtete allerdings auf politische Stellungnahmen. Andere katholische Zeitschriften, die recht eng mit der legalen, teilweise aber auch mit der illegalen Opposition in Kontakt standen, wurden 1948 von der behördlichen Zensur erstickt und ihre Mitarbeiter ins Gefängnis geworfen.

Bereits in der unmittelbaren Nachkriegszeit wurde ein Zirkel aktiv, der sich zwar auf den Katholizismus berief, aber eindeutig von den extrem nationalistischen Gruppierungen der Vorkriegs- und Kriegszeit abstammte. Der Spitzenvertreter dieser Richtung, Bolesław Piasecki, hatte eingewilligt, mit den Kommunisten zusammenzuarbeiten, nachdem er 1944 vom sowjetischen Geheimdienst festgenommen worden war. Es ist schwer zu sagen, ob und inwieweit sein Kreis, der seit 1952 unter dem Namen »PAX-Gruppe« in Erscheinung trat, von den Einflüsterungen der Sowjets abhängig war. Die kommunistischen Machthaber in Polen haben

PAX jedenfalls von Anfang an als potentielles Instrument betrachtet, mit dem sich die katholische Kirche in Schach halten ließe.

Die Zusammenarbeit der Piasecki-Gruppe mit der Regierung erfolgte unter besonderen Bedingungen. Sie verhielt sich immer loyal gegenüber den kommunistischen Machthabern, doch gelang es ihr nicht, zugleich auch die Anerkennung der Kirchenleitung zu bekommen, obschon sie sich sehr darum bemühte. Gleichwohl hielt sie, soweit die Zensur das zuließ, an nationalistisch-ideologischen Konzepten fest, betrachtete den Katholizismus als einen Grundpfeiler der nationalen polnischen Identität, nutzte die im Krieg angestaute Abneigung gegen die Deutschen – ja mehr noch, den Haß gegen sie – aus und schreckte nicht einmal vor antisemitischen Tönen zurück, wenngleich sie hierbei eine Zeitlang Vorsicht walten ließ.

Das relativ friedliche Zusammenleben von kommunistischem Staat und katholischer Kirche, das allerdings nicht frei von Repressionen gegen regimefeindliche Geistliche und Laien war, dauerte bis zum Kurswechsel von 1948, als die Anpassung des Systems an das sowjetische Modell beschleunigt wurde. Zugleich zogen die Repressionen an. Die Kirche war gezwungen, Zugeständnisse zu machen. Im Jahr 1950 unterschrieb das Episkopat ein Abkommen mit der Regierung, in dem es seine Bereitschaft zum Ausdruck brachte, den politischen Empfehlungen des Regimes zu folgen. Jedoch, dies half nicht lang. In Schauprozessen wurden katholische Politiker vor Gericht gestellt, weil sie angeblich mit den Deutschen zusammengearbeitet hätten. Die staatliche Propaganda nahm immer häufiger die Bischöfe ins Visier, einige von ihnen wurden sogar inhaftiert. Die Regierung lancierte eine atheistische Kampagne, die vor allem auf die Jugend zielte. Große Teile der Bevölkerung blieben zwar dem Katholizismus treu, aber sie waren eingeschüchtert und verzichteten darauf, sich offen zu ihren religiösen Überzeugungen zu bekennen.

Die schärfsten Sanktionen führten die Kommunisten 1953 ein. Als Reaktion auf die Weigerung, Trauerbekundungen zu Ehren Stalins abzudrucken, beseitigten sie die Unabhängigkeit des »Allgemeinen Wochenblatts« (Tygodnik Powszechny). Mit der Herausgabe wurde nun die Piasecki-Gruppe betraut. Noch schwerer wog, daß die Regierung per Dekret die Oberaufsicht bei der Besetzung kirchlicher Ämter übernahm. Beinahe wäre die polnische Geistlichkeit hierdurch in die völlige Abhängigkeit von den Behörden geraten.

An diesem Dekret entzündete sich der bislang hitzigste Streit zwischen Staat und Kirche. Der Primas von Polen, Stefan Wyszyński, entschloss sich zum Widerstand, und das Episkopat lehnte in einem Schreiben an den Präsidenten ab, sich dem neuen Aufsichtsrecht zu fügen: »Uns steht es nicht frei, göttliche Dinge auf den Altar des Cäsaren zu legen. Non possumus.« Die Antwort hierauf war ein Schauprozess, bei dem der Bischof von Kielce, Czesław Kaczmarek, der vermeintlichen Zusammenarbeit mit den Deutschen beschuldigt, zu 12 Jahren Gefängnis verurteilt wurde. Am 24. September 1953 wurde Primas Wyszyński inhaftiert und wenig später interniert. Der Widerstand schien gebrochen. Die in Freiheit verbliebenen Bischöfe gaben eine Loyalitätserklärung zum Staat ab und protestierten noch nicht einmal mehr gegen die Abschaffung des Religionsunterrichts an den Schulen. Dies alles fand bei der großen Masse der Gläubigen kaum Widerhall. Es sah tatsächlich so aus, als sollte die Befriedung des polnischen Katholizismus mit einem Sieg der Kommunisten enden.

Die Wirklichkeit war jedoch komplizierter. Als sich 1954 die Krise der kommunistischen Machthaber fortsetzte, erhob sich die Forderung, Wyszyński freizulassen. Als im Oktober 1956 die Führung der kommunistischen Partei ausgewechselt wurde und von der Freilassung des Primas abhing, ob die neue Riege das Vertrauen der Bevölkerung gewinnen würde, entließ man den Primas eilig aus der Haft.

Aus der Konfrontation mit den Kommunisten ging der polnische Katholizismus gestärkt hervor und spielte bei der Stabilisierung des Landes künftig eine immer wichtigere Rolle. Darüber war sich der neue Chef der Kommunistischen Partei, Gomułka, in den ersten Jahren seiner Regierung vollkommen im Klaren. Eine Gruppe katholischer Abgeordneter, die vom Episkopat unterstützt wurde, durfte ins Parlament einziehen, die Unabhängigkeit des »Allgemeinen Wochenblatts« (Tygodnik Powszechny) wurde wiederhergestellt, und es war sogar möglich geworden, legal mehrere Klubs der Katholischen Intelligenz (KIK) zu eröffnen. Nichtsdestoweniger verzichteten die Kommunisten nicht auf ihr ideologisches Monopol und versuchten in unterschiedlichster Weise, die Tätigkeit der Kirche zu behindern – vor allem durch das Verbot, in neuen Siedlungen Gotteshäuser zu errichten. Doch hierdurch trat die Kirche nur erneut als Opfer in Erscheinung, was ihre Popularität weiter erhöhte.

Das Verhältnis zwischen Staat und Kirche in Polen verschlechterte sich deutlich, als beide Seite in den sechziger Jahren die Geschichte als Zeugen für ihre Weltsicht in Anspruch zu nehmen versuchten. Die Kommunisten wollten das Jahrtausend feiern, das seit der ersten schriftlichen Erwähnung eines polnischen Staates vergangen war. Die Kirche beschloss hingegen, den tausendsten Jahrestag der Einführung des Christentums in Polen zu begehen. Die religiösen Feiern zogen Menschen in riesiger Zahl an, was im kommunistischen Machtapparat unverdeckte Empörung hervorrief.

Zu härtesten Auseinandersetzungen kam es, als die polnischen Bischöfe 1965 eine Botschaft an ihre deutschen Kollegen richteten, in der sie zur Teilnahme an den Milleniumsfeiern einluden und unter der Devise »Wir vergeben und wir bitten um Vergebung« zur Versöhnung zwischen den Völkern aufriefen. Die kommunistischen Machthaber bliesen zur Attacke auf die Kirche. In die polnische Außenpolitik wollten sie sich von niemandem hineinregieren lassen. Darüber hinaus trieb die Staatsführung zu dieser Zeit eine Propagandaoffensive voran, um dem Kommunismus mit nationalistischen und antideutschen Parolen mehr Rückhalt in der Bevölkerung zu verschaffen, wozu sich die verbreiteten deutschfeindlichen Gefühle sehr leicht benutzen ließen.

Die zweite Hälfte der 1960er Jahre war somit von heftigen Auseinandersetzungen zwischen den Kommunisten und der Kirche gezeichnet – verstärkt noch, weil eine kleine vom Episkopat unterstützte Parlamentariergruppe sich am Protest gegen die brutale Behandlung von Studenten im März 1968 beteiligte. Hinzu kam damals, daß unabhängige katholische Zirkel es ablehnten, sich an der neuerlichen Welle antisemitischer Regierungspropaganda zu beteiligen.

Nach den politischen Erschütterungen vom Dezember 1970 und dem Wechsel der Regierungsmannschaft, vermieden es die Kommunisten, nochmals die direkte Konfrontation mit der Kirche zu suchen, die durch alle Hetzkampagnen der vorangegangenen Jahren nur gestärkt, nicht geschwächt worden war. Beide Seiten waren bereit, Zugeständnisse zu machen, um die Situation im Lande zu stabilisieren. Die Kommunisten unterließen es von nun an bis zum Ende ihrer Herrschaft, das Episkopat offen anzugreifen, obwohl sie natürlich auch weiterhin auf eine Schwächung der Kirche aus waren oder zumindest ihre Macht zu beschränken suchten.

Doch selbst das gelang nicht mehr, seit im Oktober 1978 der polnische Kardinal Karol Wojtyła zum Papst Johannes Paul II. gewählt wurde und im Juni 1979 Polen besuchte. Wie der Teufel das Weihwasser, so mied die Staatsmacht alle Begegnungen, die nicht aus protokollarischen Gründen zwingend erforderlich waren und isolierte sich so immer stärker von der Mehrheit der Bevölkerung. An den Gottesdiensten, die im Rahmen des Besuches abgehalten wurden, nahmen Millionen von Menschen Teil, und für die Ordnung sorgten kirchlich bestellte Wachleute.

Ein Jahr später, als es zu einer Welle von Streiks und zur Gründung der Solidarność kam, waren religiöse Akzente neben den sozialen und nationalen in den Aktionen der Opposition kaum zu übersehen. In den Industriebetrieben wurden Messen abgehalten, in den Büros der Solidarność hingen Kruzifixe an den Wänden. Unter den Beratern der Gewerkschaft fanden sich Mitglieder des Klubs der Katholischen Intelligenz sowie Laien, die enge Verbindungen zu kirchlichen beziehungsweise geistlichen Institutionen unterhielten. Solidarność arbeitete mit Seelsorgern in den großen Industriebetrieben. Von der kirchlichen Hilfe profitierten jedoch auch die kommunistischen Machthaber. Bei Konflikten traten oft die Bischöfe oder auch der Primas als Vermittler auf.

Mit der Einführung des Kriegsrechts im Dezember 1981 wuchs die Bedeutung der Kirche sogar noch weiter. Die Kommunisten waren froh, daß die Kirche zur Ruhe mahnte. Die Regierung führte mit dem Episkopat Gespräche über die politische Situation im Lande. Aus Regierungskreisen stammte sogar der Plan, eine neue Gewerkschaftsbewegung unter Aufsicht der Kirche zu dulden oder auf irgendeine andere Weise Solidarność ein »katholisches« Gegengewicht gegenüberzustellen. Dieser Plan, obwohl von beiden Seiten erörtert, ist jedoch nie in Angriff genommen worden. Natürlich versuchten staatliche Stellen auch weiterhin, katholische Aktivitäten zu behindern und einzuschränken, sei es durch das Kirchenbauverbot oder dadurch, daß keine weiteren Klubs der Katholischen Intelligenz zugelassen wurden.

Die illegale Solidarność wiederum fand bei der Kirche Unterstützung. Man half Gefangenen und Internierten, bot verfolgten Funktionären nicht selten Unterschlupf und stellte Räumlichkeiten für Versammlungen und Veranstaltungen zur Verfügung. Einige mutige Geistliche kritisierten den behördlichen Machtapparat scharf. Doch die Abneigung des Episkopats, Gesetzesbrüche, die sich der Staat zuschulden kommen ließ, öffentlich zu verurteilen, rief bei manchen Solidarność-Funktionären sowie bei einem Teil des niederen Klerus Kritik hervor. Sie wurde allerdings kaum öffentlich geäußert. Ein Fanal für die Opposition war hingegen die Ermordung des Priesters Jerzy Popiełuszko durch die Staatssicherheit im Oktober

1984. Er war als entschiedener Kritiker des Regimes und Seelsorger von Solidarność bekannt. Durch seinen gewaltsamen Tod wurde Popiełuszko zu einer Symbolfigur des Kampfs gegen den Kommunismus.

Je mehr sich die Krise der kommunistischen Macht in Polen verschärfte, um so nachdrücklicher suchten ihre Vertreter das Gespräch mit der Kirchenleitung und später auch mit weltlichen Vertretern des Katholizismus, die häufig in der Solidarność aktiv waren. Als 1989 schließlich die Verhandlungen am »Runden Tisch« begannen, nahmen auch Geistliche teil, die vom Episkopat abgestellt worden waren, um die Gespräche zu beobachten, aber im Grunde genommen auch, um als Vermittler zu fungieren, wodurch die politische Bedeutung der Kirche erneut unterstrichen wurde.

Ein Ergebnis der mehrere Jahrzehnte währenden kommunistischen Herrschaft bestand also darin, daß der Katholizismus nicht nur seine bewußtseinsprägende Bedeutung für große Teile der Bevölkerung behalten, sondern seine Position als nationale Instanz verteidigt und sogar gefestigt hatte. Die Kirche besaß enormen Einfluß auf das gesellschaftliche und politische Leben Polens, und im erheblichen Maße auch auf die Kultur. Ihre Tätigkeit zeichnete sich jedoch vor allem durch einen defensiven Charakter aus. Gegen die Staatsmacht handelte sie nie offensiv. Eher war sie darum bemüht, Maßnahmen zu verhindern, die aus Sicht der Kirchendoktrin ungünstig schienen, als nach Regelungen zu suchen, die die Pflichten des Staatsapparates und die Rechte der Bürger umrissen hätten.

So gesehen war der polnische Katholizismus am Ende der kommunistischen Ära in manchen Bereichen dem westeuropäischen Modell sehr ähnlich geworden, doch er unterschied sich in mancherlei Hinsicht auch. Es galt, die Unabhängigkeit der Kirche zu wahren, aber man akzeptierte ihre Trennung vom Staat. Der polnische Katholizismus verzichtete nicht darauf, eine politische Rolle zu spielen, rechtfertigte sich jedoch damit, daß es ein diktatorisches Regime gegeben habe und es notwendig gewesen sei, nicht nur die Religion, sondern auch die ethischen Grundlagen der Gesellschaft zu verteidigen – eine solche Haltung wurde in ganz Europa postuliert, als Reaktion auf die negativen Erfahrungen mit Nationalsozialismus und Faschismus.

Allgemein wurde die Bedeutung der Kirche anerkannt – nicht nur die seelsorgerische, sondern auch ihre soziale und politische. Zwar gelang es ihr nicht, Polen vor einer fortschreitenden Säkularisierung des Alltags zu bewahren, doch die Menschen wandten sich wieder verstärkt der Religion zu, wenngleich oft nur recht oberflächlich. Die Autorität der Kirche wuchs weiter, wozu Papst Johannes Paul II. im Vatikan sowie seine charismatische Persönlichkeit einen erheblichen Beitrag leisteten.

Erst mit dem Zusammenbruch des Kommunismus änderte sich die Lage des polnischen Katholizismus fast schlagartig. Früher war die Kirche toleriert worden, in den letzten Jahren hatte man sie sogar als Partner bei der Stabilisierung des gesellschaftlichen Friedens anerkannt, doch ihre Möglichkeiten, sich zu entfalten, blieben stets sehr beschränkt. Aber plötzlich bot sich eine schier unbegrenzte Freiheit. Die seelsorgerische Arbeit profitierte von dieser neuen Freiheit. Schwerer war es, einen neuen Platz im gesellschaftlichen und politischen Gefüge zu finden. Da war auf einmal niemand mehr, den die Kirche vor der Allmacht des Staates in Schutz nehmen mußte. Ihre Funktion als Sachwalterin der »Gesellschaft« gegenüber den Interessen der Mächtigen schwand von einem Tag auf den anderen.

Die Kirche geriet in Versuchung, sich in gestalterische Fragen der Dritten Republik einzumischen, bestimmte Politiker oder Parteien zu unterstützen, anderen entgegenzutreten. Diese Tendenz war vor allem bei stark konservativen Katholiken zu spüren. Dies führte mitunter dazu, daß sich religiöse Vorstellungen und nationalistische Parolen miteinander verbanden und der Stereotyp vom »Polen-Katholiken« wieder aufgefrischt wurde. Die Kirche protestierte beispielsweise nicht, als 1991 eine rechtsgerichtete Gruppierung unter dem Namen »Katholische Wahlaktion« zur Wahl antrat. Schon damals zeigte sich jedoch, daß die erwünschte Wirkung ausblieb und die Autorität der Kirche hierdurch sogar beschädigt wurde.

Eine eher marginale Rolle spielten jene Personen, die sich im Umfeld des »Allgemeinen Wochenblatts« (Tygodnik Powszechny) oder in den Klubs der Katholischen Intelligenz sammelten. In politischen Fragen bedienten sie sich keiner religiösen Argumente; es dominierten liberale Ansichten. Rechte Politik, Nationalismus und alle Ansätze zu einer Klerikalisierung des Staates lehnten sie gleichermaßen ab. Die politischen Diskussionen der westeuropäischer Länder wurden zusehends auf Polen übertragen.

Der Wahlerfolg der postkommunistischen Linken von 1993 alarmierte die Kirche und signalisierte ihr zugleich, daß es an der Zeit sei, sich aus der aktiven Beteiligung am politischen Leben zurückzuziehen. In den folgenden Jahren vermied die Kirche, offiziell zu politischen Themen Stellung zu

nehmen. Zwar trat man bei konkreten Problemen und Anlässen durchaus
an die Öffentlichkeit, besonders als es um die Frage eines Abtreibungsver-
bots und die Ratifizierung des 1993 unterzeichneten Konkordats ging.[9]
Aber man achtete auch sehr darauf, keine bestimmte Partei zu unterstützen
oder an den Pranger zu stellen.

Dies öffnete jedoch ein breites Betätigungsfeld für solche katholischen
Gruppierungen, die nicht nur nationalistisch, sondern auch antisemitisch
waren und dabei fundamentalistische Akzente setzen. Zum wichtigsten
Medium dieser ideologischen Spielart avancierte »Radio Maryja«, das 1991
von einem Pater des Redemptoristen-Ordens, Tadeusz Rydzyk, gegründet
wurde. Nach und nach ist ein regelrechtes Imperium entstanden, mit eigenem Fernsehsender »TV TRWAM«, eigener Tageszeitung und eigener
Hochschule, an der Journalisten und Medienleute ausgebildet werden. Mit
seiner Mischung aus volkstümlichem Katholizismus und politischer Propaganda hat diese Medienmaschine erheblichen Einfluß auf das Denken
weniger gebildeter Menschen gewonnen, besonders auf die Alten auf dem
Lande und in den Kleinstädten.

»Radio Maryja« wetterte längere Zeit auch gegen den Beitritt Polens
zur Europäischen Union, in der die Verantwortlichen des Senders eine
Gefahr für den polnischen Katholizismus sahen. Das stand zwar in klarem
Widerspruch zur Haltung von Papst Johannes Paul II., der den Beitritt
unterstützte, wie auch zu Verlautbarungen des Episkopats im Vorfeld der
Wahlen von 2001. Doch »Radio Maryja« unterstützte nachdrücklich die
nationalistische »Liga Polnischer Familien« (LPR), die der europäischen
Integration ablehnend gegenüberstand. Einige Bischöfe kritisierten die
Aktivitäten von »Radio Maryja«, andere schlugen sich auf seine Seite.

In jüngster Zeit hat sich das Problem sogar noch verschärft. Im Wahlkampf von 2005 haben die Medien des Pater Rydzyk ihre Unterstützung
für die »Liga der Polnischen Familien« aufgegeben und sich einem neuen
politischen Partner, der Partei »Recht und Gerechtigkeit« (PiS) zugewandt.
Sie beteiligten sich am Wahlkampf und wurden nach dem Sieg der PiS
quasi zum offiziellen Organ der Regierungspropaganda. Dies führte zu
Spannungen in Kirchenkreisen. Das Episkopat wurde unruhig, und
schließlich intervenierte sogar der päpstliche Nuntius in Polen.

9 Das Konkordat garantierte eine völlige Unabhängigkeit der Kirche vom Staat
und den Religionsunterricht an Schulen.

Wie also sieht heute der polnische Katholizismus aus? Worin gleicht und unterscheidet er sich von dem der übrigen europäischen Länder? Darauf ist keine einfache Antwort möglich. In Polen begegnet man wie überall verschiedenen religiösen Ansichten und Haltungen, aus denen ebenso unterschiedliche gesellschaftliche wie politische Konsequenzen gezogen werden können. Ganz allgemein ist festzustellen, daß sich in Polen – verglichen mit dem übrigen Europa – ein traditioneller, volkstümlicher Katholizismus am stärksten bewahrt hat. Eine Ursache dafür liegt in der Zusammensetzung der polnischen Geistlichkeit, vor allem in den Pfarrgemeinden. Sie rekrutiert sich hauptsächlich aus dem ländlichen und kleinstädtischen Umfeld. Eine stärker intellektuell vertiefte Religiosität fand hingegen nur in einigen geistlichen Orden Raum sowie in einem weltlichen Umfeld.

In Europa wird Polen als das katholischste Land angesehen. Nicht ganz unbegründet. Abgesehen von den relativ kleinen konfessionellen Minderheiten, die sich häufig mit den nationalen Minderheiten decken (orthodoxe Weißrussen, zum Teil auch Ukrainer), bekunden fast alle polnischen Bürger laut sämtlichen demoskopischen Untersuchungen, daß sie sich der katholischen Religion verbunden fühlten. Die polnische Religiosität besitzt oft einen stark zeremoniellen Charakter. Der Marienkult nimmt eine wichtige Stellung ein: Im 17. Jahrhundert wurde die Gottesmutter zur Königin Polens ausgerufen, und im Kloster von Jasna Góra in Tschenstochau glaubt man an die Wunderkraft eines Marienbildes. Ein anderer Charakterzug des polnischen Katholizismus besteht darin, daß er sich selbst als »belagerte Festung« wahrnimmt – ein Syndrom, das im Laufe der Geschichte fast bis zum Ende des 20. Jahrhunderts immer wieder durch zahlreiche Ereignisse bekräftig zu werden schien.

Nach dem Zusammenbruch des Kommunismus hat sich der Prozeß der fortschreitenden Säkularisierung im Alltagsleben eher noch vertieft als abgeschwächt. Religiöse Pflichten werden alles andere als rigoros erfüllt. Allgemein verbreitet sind Taufen, Erstkommunionen und christliche Beerdigungen, aber diese sind zumeist auch in weniger katholischen Ländern Europas üblich und respektiert. Schlechter als früher – wenngleich noch viel besser als im europäischen Durchschnitt – steht es um den Besuch des sonntäglichen Gottesdienstes.

Die Säkularisierung betraf vor allem die allgemeinen Verhaltensweisen. Sexuelle Freizügigkeit vor der Ehe und Empfängnisverhütung stellen heute die Norm dar. Gewisse Widerstände gibt es bei Teilen der Gläubigen gegen die Ehescheidung, aber statistisch gesehen liegt die Zahl von Scheidungen in Polen – bezogen auf die Gesamtzahl der Bevölkerung – noch über der von Italien oder Spanien. Abtreibungen werden im Allgemeinen nicht akzeptiert und sind nur in extremen Ausnahmefällen erlaubt. Dennoch werden sie recht häufig vorgenommen, sei es illegal oder im Ausland.

Sicherlich besteht die größte Besonderheit des polnischen Katholizismus in seinem stärker nationalen und weniger universalistischen Charakter. Der Umstand, daß Polen sich mit Hilfe der Religion jahrhundertelang gegen seine Nachbarn und später gegen seine Teilungsmächten abgrenzte und in den letzten 40 Jahren einem ideologisch-politischen System unterworfen war, das dem Katholizismus feindlich gegenüberstand, mußte dieses Land tief prägen. Das Stereotyp »Pole = Katholik« mag zu Beginn des 21. Jahrhunderts anachronistisch erscheinen – doch ist es nach wie vor tief verwurzelt.

Existiert überhaupt so etwas wie eine europäische Kultur? Die Antwort auf diese Frage birgt Komplikationen in sich. Einerseits haben wir es in Europa mit dem Problem der Besonderheiten nationaler Kulturen zu tun. Andererseits existieren auf anderen Kontinenten Kulturen, die von der europäischen abstammen. Noch die antike Kultur war eher mediterran als europäisch. Vom Mittelalter an schwinden jedoch alle Zweifel. Es ist eine Tatsache, daß ein lateinischer und ein byzantinische Bereich bestand – ersterer war eindeutig europäisch, während der zweite den östlichen Teil des Kontinents mit Asien und sogar Afrika verband. Zwischen diesen Bereichen gab es Unterschiede, im Mittelalter geringere als in späteren Jahrhunderten, sie wichen aber im 19. Jahrhundert einer erneuten Annäherung. Beide bildeten jedoch eine europäische Kulturgemeinschaft, und dies dank zweier Gemeinsamkeiten: Die erste war das Erbe der Antike, die zweite das Christentum. Dies bedeutet jedoch nicht, daß man die Besonderheiten der nationalen Kulturen außer Acht lassen könnte. Sie verstärkten sich bis zu ihrem Höhepunkt im 19. und in der ersten Hälfte des 20. Jahrhunderts, um in den letzten Jahrzehnten wieder etwas zu verwischen.

Haben sich die Kulturen Nord- und Südamerikas, aber auch Australiens und Südafrikas von ihren europäischen Ursprüngen emanzipiert, und wenn ja, in welchem Maße? Dies ist ein grundlegende Frage für das atlantische Europa, besonders für die angelsächsischen Länder und die iberische Halbinsel, weniger hingegen für Kontinentaleuropa. Für die polnische kulturelle Identität stellt sie sich eigentlich erst seit wenigen Jahrzehnten.

Es kann kein Zweifel daran bestehen, daß die polnische Kultur jahrhundertelang ein Teil der europäischen Kultur war. Dies zeigt die Architektur, angefangen von den wenigen romanischen Baudenkmälern, über eine deutlich größere Zahl von gotischen und im Stil der Renaissance errichteten bis hin zu den noch stärker verbreiteten barocken und klassizistischen Bauten. Die Architektur ist sichtbar für jeden, der sich in Polen aufhält. Schwerer zu erkennen sind dagegen andere Bereiche der Kultur im weitesten Sinne, einschließlich Lehre und Wissenschaft. Doch auch sie verbanden Polen mit Europa, auf eine ähnlich starke Weise.

Wie überall im westlichen und mittleren Teil des Kontinents war auch in Polen viele Jahrhunderte lang das Lateinische die Sprache der Kultur. Im 18. Jahrhundert wurde es bei den »kultivierten Leuten« durch Französisch ersetzt. Die polnische Literatur, Musik und bildende Kunst blieb lange unbeachtet, aber ihre Entwicklungen und Moden unterschieden sich nicht vom übrigen Europa. Aus Polen stammten keine Gelehrten, die auf dem Kontinent bekannt gewesen wären, mit einer Ausnahme: Kopernikus. Polens Kultur profitierte mehr von Europa als Europa von Polen. Junge Polen studierten an den Universitäten Italiens und Deutschlands. In Krakau wirkte der Bildhauer Veit Stoß, der aus Nürnberg übergesiedelt war. Man übersetzte Dante und Petrarca. Shakespeare wurde aufgeführt, häufiger noch italienische Opern. Canaletto, ein Einwanderer aus Italien, malte Warschau (aber auch das sächsische Dresden). Man las Voltaire und Rousseau im Original oder in Übersetzung.

Aufschlußreich ist noch heute, welche ausländischen Städte polnische Namensformen erhielten. Neben solchen, die nahe an der Grenze lagen oder Brennpunkte von Politik und Wirtschaft darstellten, waren dies vor allem universitäre Zentren: Bologna (Bolonia), Florenz (Florencja) und Padua (Padwa), Göttingen (Getynga), Tübingen (Tybinga), Heidelberg (Hajdelberga) und Leiden (Lejda).

In früheren Jahrhunderten waren die Polen mehrheitlich Analphabeten, nicht anders als in den meisten Ländern Europas noch im 18. Jahrhundert. In Polen hat sich dieser Zustand sogar bis in die letzten Jahrzehnte des 19. Jahrhunderts bewahrt. Davon zeugen die Ergebnisse der Volkszählung von 1921. Überall, außer in den Gebieten, die zuvor unter preußischer Herrschaft standen, konnten die meisten älteren Einwohner über 60 Jahren weder lesen noch schreiben.

Wie sah nun die Massen- und Alltagskultur der wenig oder gar nicht gebildeten Menschen? Sie wurde vor allem von der katholischen Religion in ihrer volkstümlichen und zeremoniellen Ausprägung bestimmt. Der Geschmack dieser Menschen bildete sich oftmals an der Architektur der Kirchen, ihrer Ausstattung mit Skulpturen und Malereien, die meist überbordend war. Die Literatur wurde von gemalten Erzählungen ersetzt: die Stationen des Kreuzweges oder die »Serien« jener Zeit, das heißt Bildtafeln, die Szenen aus der Heiligen Schrift oder aus Heiligenlegenden darstellten. Musik lieferte die Orgel, sofern sich die Gemeinde eine solche leisten konnte. Häufiger jedoch mußte man sich mit dem Gesang der Gläubigen während des Gottesdienstes begnügen. Außerhalb dieser religiösen Sphäre der Kultur existierte noch die weltliche Folklore: mündlich überlieferte Legenden und Märchen, Gesänge, Tänze und Lieder, Haus- und Zimmerverzierungen sowie Festtagstrachten. Weder im religiösen noch weltlichen Leben unterschied sich die Massenkultur der Polen sonderlich von der anderer europäischer Nationen – insbesondere der katholischen. Gewisse Unterschiede eher formaler als inhaltlicher Art traten erst im Vergleich mit orthodoxen oder protestantischen Ländern zutage.

Alles, wovon bislang die Rede war – Hochkultur und Massenkultur – bezog sich auf frühere Jahrhunderte. Ein gewisser Wendepunkt im Verhältnis der polnischen und europäischen Kultur, eine größere Angleichung, erfolgte erst während der ersten Hälfte des 19. Jahrhunderts, in der Romantik. Polen verschwand von der politischen Landkarte des Kontinents, aber es blieben die polnische Sprache, die polnische Literatur, die polnische Kultur. Ihre Präsenz in Europa stieg sogar.

Die Bedeutung dieser Entwicklung sollte man nicht überschätzen. Der einzige wirklich populäre polnische Künstler war Frédéric (Fryderyk) Chopin. Außerhalb Polens war eher der Name von Adam Mickiewicz bekannt als sein schriftstellerisches Werk. Anderen großen polnischen Poeten der Romantik blieb sogar dieser Ruhm versagt. Dazu trug der Umstand bei, daß sie sich vor allem mit nationalen Fragen beschäftigten. Insbesondere der polnische Messianismus, der bei manchen Autoren zum Ausdruck kommt, also der Glaube, daß das Leiden Polens für die Errettung Europas von besonderer Bedeutung sei, stieß in anderen Ländern auf wenig Verständnis.

Größerer Erfolg war dem umgekehrten Weg beschieden: der Aneignung der europäischen Kultur in Polen. Man übersetzte – Mickiewicz hatte daran bedeutenden Anteil – Goethe und Schiller, Byron und Walter Scott, Puschkin und Lermontow. Niemals zuvor waren Werke der europäischen Literatur so populär in Polen. In den Konzertsälen wurden mit geringer Verspätung die Stücke zeitgenössischer, ausländischer Komponisten aufgeführt. Sogar ein Niccolo Paganini gastierte in Warschau.

Der erste Pole, der nach Chopin wieder in das Zentrum des europäischen Kulturmarkts trat, war Henryk Sienkiewicz an der Wende vom 19. zum 20. Jahrhundert. Im Jahre 1905 erhielt er den Nobelpreis für Literatur, für Werke in der Sprache eines Landes, das nicht existierte. Sienkiewicz schrieb eher für die breite Masse als für feinfühlige Intellektuelle, aber er war ein Meister der polnischen Sprache, entwarf packende Geschichten und schuf geschickt historische Mythen. Daß ihm die große Ehre nicht für sein wichtigstes Werk, nämlich seine Trilogie zur Geschichte Polens im 17. Jahrhundert zuteil wurde, die wie sein Roman über die Kämpfe der Polen mit dem Deutschen Orden im 15. Jahrhundert zum Kanon polnischer Pflichtlektüre gehörte, steht auf einem anderen Blatt.

Den Nobelpreis erhielt Sienkiewicz 1905 für den Roman »Quo Vadis«, ein weit weniger ambitioniertes Werk über das antike Rom, worin die Liebesgeschichte eines jungen römischen Patriziers und der versklavten Tochter eines Herrschers erzählt und mit heldenhaftem christlichen Glauben gewürzt wird. Für polnische Geschichte hat sich Europa zwar nicht besonders interessiert, dafür wurde »Quo Vadis« seit dieser Zeit mehrfach verfilmt, in Europa wie in Amerika, weil sich dieses religiöse Melodram bestens für eine Superproduktion auf der Leinwand eignete.

Sienkiewicz war schon zur Jahrhundertwende anachronistisch in seiner Art zu schreiben. Andere polnische Literaten bemühten sich, ihre Leser mit Werken zu gewinnen, die im Einklang mit den zeitgenössischen europäischen Strömungen standen. Doch wenn sie sich die polnische Geschichte und Gegenwart zum Sujet wählten, hatten sie keinerlei Chance, in Europa wirklich populär zu werden. Das Thema Polen besaß jedoch nach wie vor einen wichtigen Platz im Schaffen polnischer Autoren, auch wenn sie sich ihm auf verschiedenste Weise näherten – manchmal als Geschichte eines bewaffneten Kampfes, manchmal als Erzählung über den Versuch, das nationale Zivilisationsniveau zu heben.

Dem Romancier Władysław Reymont wiederum gelang es, in Europa einige Bekanntheit zu erreichen, gerade weil er sich nicht mit nationalen Dingen beschäftigte. Zwar ließ er seine Geschichten in Polen spielen, aber dabei ging es immer um universale Fragen. Indem er Naturalismus und Realismus vermischte, schuf er ein Epos über das Leben der Bauern sowie ein zweites, weniger bekanntes, über die gewaltsame Entwicklung der Industriestadt Lodz, die nicht nur von Polen, sondern auch von Juden und Deutschen geprägt wurde. Auch er sollte den Nobelpreis bekommen, allerdings erst 1924.

Wie sehr die Popularität von Moden abhing, davon zeugt der Fall des Schriftstellers Stanisław Przybyszewskis, der vor allem in Polen und Deutschland bekannt war. Weil er sich zunächst im kosmopolitischen Umfeld der Berliner Bohème bewegte, schrieb er sogar einige Jahre auf

Deutsch, um erst später wieder zu polnischsprachigen Texten zurückzukehren. Aus heutiger Sicht sind seine Werke in beiden Sprachen schwer
verdaulich, und wenn man sich des Namens Przybyszewskis in Polen oder
Deutschland erinnert, so meist wegen seiner künstlerischen Freundschaf-
ten und Liebesbeziehungen.

Abgesehen von der Literatur gab es in der Kultur jedoch nach wie vor
nur den Einbahnverkehr. Eine Ausnahme stellte der überragende Pianist
Ignacy Paderewski dar, der jedoch in den Vereinigten Staaten noch weitaus populärer war als in Europa. In der Kunst und Architektur wurden
europäische Vorbilder maßgebend, der französische Impressionismus, der
deutsche Jugendstil, die Wiener Sezession. Polnische Maler lebten in Paris
oder München, aber kaum geringer war der Einfluß europäischer Strömungen auf die Daheimgebliebenen.

Auch die populären, traditionsverbundenen Künstler mit ihrem ge-
schmacklichen Konservatismus und ihrem Interesse für Nationalge-
schichte – der bekannteste von ihnen war sicherlich Jan Matejko – stellten
keine polnische Besonderheit dar. Die Deutschen beispielsweise enthüllten
zum hundertsten Jahrestag der Völkerschlacht von 1813 ein Denkmal in
Leipzig und schufen unzählige Bilder, Statuen und Glasmalereien zum
Ruhme der nationalen Vergangenheit und manchmal auch der Gegenwart.
Ja, ganz Europa hat zur Jahrhundertwende die Plätze seiner Metropolen
mit Denkmälern für ihre nationalen Helden und Erfolge geschmückt. Es
genügt ein kleiner Gang durch Paris, um dies zu bemerken. Paradoxerweise
hat Wojciech Kossak die größte Karriere unter den polnischen Malern
außerhalb Polens gemacht. Er wählte historisch-patriotische Motive und
traf mit seinen Bildern den Geschmack Wilhelms II. Mehrere Jahre lang
fertigte er Auftragsarbeiten für den Monarchen an, diesmal zum Ruhme
Deutschlands und des Kaisers selbst.

Die polnische Wissenschaft blieb im Allgemeinen aus materiellen
Gründen hinter Europa zurück, nicht aber wegen ihrer Denkrichtungen.
Hochschulen, in denen auf Polnisch gelehrt wurde, darunter zwei Univer-
sitäten, gab es nur in Galizien unter österreichischer Herrschaft. An den
Hochschulen des Zarenreiches war die russische Sprache verbindlich, und
an der zu Beginn des 20. Jahrhundert gegründeten Posener Akademie das
Deutsche. Das Lehrpersonal all dieser Hochschulen stellte, von kleineren
Ausnahmen abgesehen, provinzielles Niveau dar, das aber doch an euro-
päische Forschungstrends anknüpfte.

Polen studierten an verschiedenen europäischen Hochschulen, häufig im Inneren Rußlands, besonders gerne in der Schweiz und in Deutschland, manchmal auch in Frankreich und Belgien. Viele von ihnen kehrten in die Heimat zurück, aber die größten Karrieren machten jene, die im Ausland geblieben waren. In Rußland wie auch im Westen tauchten polnische Professoren auf. In Petersburg avancierte Jan Baudouin de Courtenay zu einer Koryphäe der modernen Sprachwissenschaften. Trotz der ausländischen Abstammung seiner Familie war er eng mit dem Polentum verbunden. Nach 1918 sollte er einen Lehrstuhl in Warschau erhalten. In Paris erhielt Marie (Maria) Curie-Skłodowska zusammen mit ihrem französischen Mann Pierre Curie 1903 den Physik-Nobelpreis für ihre Untersuchungen zu Strahlungsphänomenen und 1911 noch einmal den Nobelpreis für Chemie für die Gewinnung und Erforschung reinen Radiums. In Berlin wurde der Philologe Aleksander Brückner schon im Alter von 25 Jahren zum außerordentlichen, elf Jahre später zum ordentlichen Professor ernannt und hatte diesen Lehrstuhl bis zu seiner Emeritierung 1924 inne. In der Schweiz machten zwei spätere Präsidenten des unabhängigen Polen wissenschaftliche Karriere, der Physiker Ignacy Mościcki und der Hydrologe Gabriel Narutowicz.

Die polnische Kultur, die seit Jahrhunderten dem europäischen Kulturkreis und dort der lateinischen Sphäre angehörte, besaß ihre spezifischen Eigenschaften. Die erste Besonderheit war, daß Polen in der Peripherie Europas blieb. Wenn man die Namen polnischer Künstler, die internationale Bekanntheit erlangten, mit dem Pantheon berühmter Namen aus Deutschland, Frankreich, Großbritannien, Italien und Spanien vergleicht – nur um die größten Länder zu nennen –, so ist diese Tatsache bei der polnischen Hochkultur nicht zu übersehen. Noch offenkundiger wird sie, wenn man bedenkt, wie im 19. Jahrhundert das Rußland Dostojewskis, Tolstojs, Tschaikowskis und Mussorgskis an die Zentren der europäischen Kultur heranrückte.

Die zweite Besonderheit der polnischen Kultur war ihre bereits erwähnte Grenzlage im lateinisch geprägten Teil Europas. In der Ära der türkischen Expansion, lag Polen sogar an der Grenze zur islamischen Kultur. Für die polnische Hochkultur war dies vielleicht weniger von Bedeutung, obwohl in Polen Kirchen und Kapellen im Stil der westlichen Gotik entstanden, aber eine byzantinische Innenausstattung erhielten. Auf die Särge von Adeligen wurden Portraits im »sarmatischen Stil« gemalt – der Einfluß östlicher Vorbilder ist unverkennbar.[10] Selbst die so verehrte Madonna von Tschenstochau ist eine osteuropäische Ikone. Noch stärker schlug sich diese Randlage jedoch in der Massenkultur nieder, in der Kleidung oder in Volksliedern.

Schließlich gab es noch ein drittes typisches Merkmal der polnischen Kultur: ihre politische Funktion. Für ein Volk, dem der Staat genommen war – oder zumindest für seinen gebildeteren Teil –, hatte die Kultur die Bedeutung eines Bindemittels. Sie bildete eine unverzichtbare Identitätsgrundlage. Da ein amtierender Monarch oder sonstiges Staatsoberhaupt samt Beamtenapparat fehlte, war es nur tatsächlich (oder vermeintlich) herausragenden Kulturvertretern vergönnt, als Repräsentanten des Volkes anerkannt zu werden.

Es genügte jedoch nicht zu repräsentieren, man mußte mittels der Kultur auch für Polen kämpfen und es verteidigen. Dies war vor allem dann von Bedeutung, wenn die benachbarten Nationalbewegungen Aufwind bekamen, gerade in den Ländern, denen die polnischen Gebiete angehörten. Die Eigenheit der Kultur sollte einen Schutzwall gegen die Germanisierung und Russifizierung bilden. Hätte sich irgendeine Gruppe nicht mehr mit der polnischen Kultur identifiziert, wäre dies womöglich als Bestätigung dafür gesehen worden, daß die polnische Sprache nur noch ein regionaler Dialekt sei. Im Großen und Ganzen war es dies, was mit den Masuren passierte, die in Ostpreußen germanisiert wurden.

Weder die Randständigkeit der polnischen Kultur noch das, was die einen als Eklektizismus, die anderen als kulturelle Synthese bezeichneten, bildete in Europa eine Ausnahme. Skandinavien und der ganze Balkan waren peripher, aber auch Ungarn oder Irland. Kulturelles Grenzgebiet zwischen Europa und Asien waren Rußland und der Balkan. Zwischen Europa und der Welt des Islam waren es hingegen Spanien, Portugal und zeitweise Süditalien.

Auch die Verherrlichung des Kampfes und die Funktion der Kultur als Bindemittel der Nation waren in Europa nicht neu. Das Ethos des Kampfes war der europäischen Kultur am Ende des 18. und in der ersten Hälfte des 19. Jahrhunderts nicht fremd. Es genügt hier, auf die Werke

10 Die Sarmaten waren ein Volk asiatischer Herkunft, das sich im Altertum in Osteuropa ansiedelte. Einem Mythos nach waren die Sarmaten die Vorfahren des polnischen Adels.

von Schiller und Byron zu verweisen. Die besondere Weise, in der sich dieses Ethos in der polnischen Kultur offenbarte, besaß jedoch zwei Dimensionen: Erstens überragte die nationale Frage in Polen schon zur Zeit der Romantik die Bedeutung des extremen Individualismus beziehungsweise des universellen Kampfes um Freiheit. Zweitens blieb dieses Kampf-Ethos auch über die Romantik hinaus populär, behauptete sich und erlebte im Zuge des Modernismus, der in Polen nicht ohne Grund oft als »Neoromantik« bezeichnet wird, eine neue Blüte.

Die Kultur galt nicht nur den staatenlosen Völkern als Bindemittel der Nation. Ähnlich wurde sie auch dort gesehen, wo es sogar zu viele Staaten gab: in Deutschland und Italien. Doch anders als bei Tschechen, Balten und Iren, später auch Ukrainern und Slowaken spielte die Kultur in Deutschland und Italien keine aktive Rolle bei der Abwehr einer fremden Herrschaft. Die Entwicklung und Verbreitung einer (National-)Kultur sollte dagegen die Völker, die keinen eigenen (National-)Staat hatten, vor der Entnationalisierung bewahren.

Die Wiederentstehung des polnischen Staates und die zwanzig Jahre während Unabhängigkeit zwischen den Weltkriegen verbesserten die Bedingungen für die kulturelle Entwicklung Polens enorm, besonders in den Wissenschaften. Statt zwei gab es nun sechs polnische Universitäten. Anfänglich gab es nicht genug Professoren, obwohl einige Gelehrte aus dem Ausland zurückkehrten. Ferner entstanden vom Staat unterstützte Museen, Theater und andere Einrichtungen.

Die Unabhängigkeit besaß jedoch eine zweite Seite: Da nun ein Staat entstanden war, verlor die Kultur größtenteils ihre politische Funktion, vor allem ihren Defensivcharakter. Dennoch war die politische Prägung des kulturellen Schaffens, besonders in der Literatur, weiterhin stärker als in den meisten anderen Ländern Europas. Dazu trug sicherlich die lange Tradition der Staatslosigkeit bei, aber auch die Enttäuschung über den neuen Staat, der anfänglich idealisiert worden war, und später die Haltung gegenüber dem autoritären System. Und je näher der Zweite Weltkrieg heranrückte, desto heftiger kehrten auch die alten Sorgen um Staat und Nation zurück.

Selbst in der Massenkultur waren gewisse Veränderungen zu beobachten. Unter den jüngeren Polen war das Analphabetentum auf dem Rückzug (schlechter sah es mit der ukrainischen und weißrussischen Minderheit aus). Im Jahr 1931 konnten bereits 80 bis 90 Prozent der Unter-30-

jährigen und sogar die allermeisten Unter-20-jährigen lesen und schreiben. Dadurch wuchs natürlich auch der Lesehunger. Außerdem tauchten in den Städten und Kleinstädten neue Kulturtempel auf: die Kinos. Auf dem Land hingegen blieben die Kirchen der wichtigste Ort zur Vermittlung kultureller Inhalte.

Die polnische Unabhängigkeit brachte keine besonderen Veränderungen im Verhältnis zwischen polnischer und europäischer Kultur mit sich. Weiterhin verlief das meist nur in einer Richtung. Künstler pilgerten gen Westen, besonders nach Frankreich, beschäftigten sich mit den neuesten Entwicklungen und Trends, avancierten aber nur selten zu geschätzten Partnern. In Europa waren die Namen polnischer Literaten, Maler und Komponisten weitgehend unbekannt, mit einer einzigen, wenn auch unsicheren Ausnahme: dem Musiker Karol Szymanowski. Was die Massenkultur betraf, so reichte die Bekanntheit des polnische Films noch nicht einmal über die Landesgrenzen hinaus. Im Gegenteil, die polnischen Kinos zeigten meist ausländische Filme, besonders amerikanische. Es ist eine Frage der Interpretation, ob man hierin ein Zeichen der Europäisierung sehen will, da ähnliche Produktionen in ganz Europa den Ton angaben, oder eher der Amerikanisierung.

Die Einseitigkeit der Einflußnahme prägte auch die Wissenschaften. Nur wenige polnische Gelehrte, vor allem wenige Geisteswissenschaftler, erlangten internationales Renommee. Bronisław Malinowski gehört zu den Schöpfern der modernen Anthropologie, aber er lehrte nicht in Polen, sondern in Großbritannien. Der hervorragende Soziologe Florian Znaniecki wurde vor allem in den Vereinigten Staaten bekannt. Obwohl wichtige Arbeiten dieser beiden Wissenschaftler schon früh entstanden waren, sucht man ihre Namen in den Ausgaben des Meyerschen Lexikons aus der Zwischenkriegszeit vergeblich. Weltweite Anerkennung genossen indes auch polnische Mathematiker und Logiker.

Für die europäische Kultur insgesamt war der Zweite Weltkrieg eine Katastrophe. Doch für Polen war er ein ganz besonderes Desaster. In anderen Ländern stellte die Katastrophe das grundlegende Wertesystem in Frage und hatte manchmal Zerstörungen bedeutender Kulturgüter zur Folge. Dies war auch in Polen so, aber in außergewöhnlich großer Dimension. Nirgends jedoch wurden dazu noch Kulturgüter in solchem Ausmaß geraubt wie in Polen. Und nur hier kam der Unterricht an Mittel- und Hochschulen zum Erliegen.

Auch wurde mit Künstlern, Gelehrten und den intellektuellen Eliten, die sich von der Hochkultur angesprochen fühlten, nirgends so gründlich abgerechnet wie in Polen. Zwei Faktoren spielten hierbei eine besondere Rolle: Erstens, die Vernichtung der Juden. Zwar war die jüdische Bevölkerungsgruppe Polens mehrheitlich nicht assimiliert, doch in ihren Bildungsschichten sah das anders aus. Ein großer Teil der Menschen, die in den Bereichen Kultur und Bildung arbeiteten, etwa 18 Prozent, waren Juden. Darüber hinaus stellten sie einen hohen Prozentsatz an allen Akademikern, besonders Ärzte und Juristen. Zwar waren die Chancen dieser Bevölkerungsgruppe, dem Holocaust zu entrinnen, größer als unter nicht-polonisierten Juden. Aber auch von ihr hat nur ein Bruchteil überlebt.

Der zweite Faktor betrifft die deutsche und sowjetische Politik gegenüber den Polen. Beide Mächte hatten sich nach der Besetzung des Landes 1939 entschlossen, die polnischen Eliten zu vernichten. Von den Motiven dieser Maßnahmen war schon die Rede. Eine große symbolische Bedeutung kommt dabei den Repressionen zu, die von den Deutschen verübt wurden. Im November 1939, fast unmittelbar nach dem Einmarsch in bewohntes polnisches Gebiet schickten sie eine Gruppe von Professoren der Krakauer Jagiellonen-Universität ins Konzentrationslager, und 1941 erschossen sie in Lemberg 40 Hochschullehrer. Für die sowjetischen Aktivitäten typisch war die Erschießungen von über zehntausend Kriegsgefangenen polnischen Offizieren im Jahre 1940 – zum großen Teil Akademiker, Reservisten, die zu Beginn des Krieges eingezogen wurden.

Auch die polnische Kultur ging aus dem Zweiten Weltkrieg schwer geschädigt hervor. Es ist schwierig zu beurteilen, ob man es als Vorteil oder Nachteil werten sollte, daß zahlreiche Kulturvertreter, und darunter besonders viele hoffnungsvolle junge Leute, aus Abneigung gegen die Kommunisten nicht mehr von ihrem Exilland nach Polen zurückgekehrt sind. Man denke an so herausragende Köpfe wie den Historiker Richard Pipes, den Politologen Zbigniew Brzeziński oder den erst nach dem Krieg aus Polen geflüchteten Dichter und späteren Nobelpreisträger Czesław Miłosz. Einige Exilanten spielten für die Vermittlung der polnischen Kultur nach Westeuropa und Amerika eine wichtige Rolle; andere gewannen im Laufe der Zeit vom Ausland aus erheblichen Einfluß auf die »inoffizielle« Kultur Polens, besonders der Autorenkreis, den die in Paris erscheinende Monatsschrift »Kultura« um sich versammelt hatte.

Anfänglich verhielt sich das kommunistische Regime recht tolerant gegenüber den Kulturschaffenden. Zwar litten auch sie unter Verfolgungen, aber nur dann, wenn sie sich in der Opposition engagierten. Die Zensur beschäftigte sich hauptsächlich damit, Äußerungen, die sich gegen die Sowjetunion und gegen die Kommunisten richteten, zu unterbinden. Die neuen Machthaber eröffneten Hochschulen und hatten nichts dagegen einzuwenden, daß dort Professoren aus der Vorkriegszeit oder jüngere, schnell beförderte Wissenschaftler eine Anstellung fanden.

Es mag zynisch klingen, aber die Ereignisse des Zweiten Weltkrieges brachten der polnischen Kultur und Wissenschaft auch einen gewisse Nutzen – nämlich die Erfahrung von Grenzsituationen, vor die ein Menschen plötzlich gestellt sein kann. In den ersten Nachkriegsjahren erschienen Werke, die Veröffentlichungen in anderen Sprachen oft zeitlich voraus waren. In Polen erschienen die Erzählungen von Tadeusz Borowski aus dem Lager Auschwitz, im Exil hingegen die literarischen Erinnerungen von Gustaw Herling-Grudziński aus sowjetischen Lagern. Auch ausgereifte soziologische Analysen und Erinnerungen, die mit intellektuellen Reflexionen angereichert waren, erblickten das Licht der Öffentlichkeit.

Die kulturellen Kontakte mit Europa gestalteten sich nicht schlecht, auch wenn das staatliche Mäzenatentum den Import russischer und sowjetischer Kultur privilegierte. Erstere popularisierte man durch die Werke großer russischer Schriftsteller, die Aufführung bedeutender Bühnenstücke und Kompositionen. Zweitere war zumeist mit Schundwerken vertreten, die vor Propaganda trieften. So oder so gelang es der polnischen Kultur, wieder an Europa anzuknüpfen, im Westen wie im Osten.

Für das kulturelle Leben ging diese süße Zeit des Honigmondes zu Ende, als 1948 verschiedene politische Entscheidungen getroffen wurden, die eine größere Distanz der polnischen Kultur zu Europa schufen, oder besser gesagt: Sie trennten den vom Systemkonflikt politisch geteilten Kontinent auch kulturell, so daß Polen sich plötzlich auch in dieser Hinsicht auf der östlichen Seite wiederfand. Waren denn der Sozialistische Realismus in der Kunst und der Marxismus-Leninismus in der Wissenschaft mit europäischen Gepflogenheiten vollkommen unvereinbar? Sicherlich ja, wenn wir als Gradmesser die westeuropäische Entwicklung der Nachkriegszeit zugrunde legen. Sicherlich nicht ganz, wenn wir uns an die etwas jüngere europäische Vergangenheit erinnern, die gerade erst abgeschlossen war.

Selbst die Bauten des Sozialistischen Realismus, die in einer relativ kurzen Zeitspanne zu Beginn der fünfziger Jahre entstanden, lassen sich nur schwer einem Muster zuschreiben, das Europa fremd gewesen wäre. Sie unterschieden sich nur wenig von den bombastischen Bauten des italienischen Faschismus oder deutschen Nationalsozialismus. Die sozialistische »Klassenliteratur« wich häufig nur in der Wahl des Themas von der deutsch-völkischen »Blut-und-Boden«-Literatur ab, verwendete aber massenhaft ähnlich stereotype Motive. Die Denkstrukturen der marxistisch-leninistischen Historiographie und Philosophie glichen in ihrer Beschränktheit und Einfalt dem geistigen Horizont rassistischer Gelehrter, auch wenn diese ganz andere Thesen vertraten.

Eher an die Kultur Asiens erinnert der Führerkult der Stalinisten, der fast einem Götzendienst gleichkam, sowie der Glanz ihrer Feierlichkeiten. Doch wieder drängt sich die Frage auf: Waren ähnliche zeremonielle Handlungen nicht noch kurze Zeit zuvor in Europa üblich? Waren Mussolini oder Hitler weniger von Weihrauch umhüllt und hörten sie seltener die gebetsartigen Litaneien ihrer gläubigen Anhänger?

Der Sozialistische Realismus fand nur teilweise Eingang in die Alltagskultur. Man feierte die sozialistischen Feiertage mit Aufmärschen, Gesängen, Transparenten, manchmal auch mit Tänzen. Das Repertoire war dabei meist sowjetischen Veranstaltungen entliehen, doch unterstütze man auch eigene Schöpfungen und berief sich dabei in einer künstlichen, vorgeschützten Weise auf folkloristische Traditionen. Bei der Kinematographie hatten sowjetische Importe und heimische Filme über Produktionsleistungen die Nase vorn. All dies wurde in der offiziellen Kunst propagiert, kam aber in Maßen auch unter solchen Jugendlichen gut an, bei denen die staatliche Indoktrinierung fruchtete. Es gab jedoch auch andere junge Menschen, die fasziniert waren von einer neuen, gerade erst im Entstehen begriffenen westlichen Massenkultur, deren Kunde bis an ihre Ohren drang. Die ältere Generation hingegen verschmähte zwar nicht die »volkstümlichen« Darbietungen und Kulturprodukte, hörte sich aber lieber alte Platten an, las lieber polnische historische Romane oder andere zweitrangige Literatur aus der Vorkriegszeit. Hierin stand sie durchaus im Einklang mit den Geschmäckern, die damals die Europäer allerorten pflegten, jedenfalls mehr, als sie unterschied.

Die extrem stalinistischen Formen der Kulturausübung haben in Polen noch nicht einmal ein Jahrzehnt überdauert. Ab Mitte der fünfziger Jahre wurde die Mauer, die die polnische Kultur von der europäischen trennte, immer niedriger, und es tauchten größere und kleinere Tore und Schlupflöcher auf. Formale Befehle und Verbote verloren ihre Geltung. Kunst und Wissenschaft fanden vielfältige Betätigungsmöglichkeiten, obwohl die Zensur wie in den Nachkriegsjahren fleißig nach verdächtigen politischen Inhalten fahndete. Dennoch konnten herausragende literarische Werke entstehen, ferner eine Schule des polnischen Films mit Andrzej Wajda an der Spitze, junge Komponisten, Maler und Bildhauer einer neuen Generation wuchsen heran. Ähnliches war in der Forschung zu beobachten, wobei es gerade in den Geisteswissenschaften eine größere Zahl von Themenfeldern gab, die als »vermint« galten. Soziologie und Geschichte hatten jedoch in methodologischer Hinsicht europäisches Niveau, und in der Philosophie bahnte Leszek Kołakowski zunächst dem kritischen Marxismus, danach der Abkehr von selbigem den Weg.

Jetzt – vielleicht zum erstenmal in der polnischen Kulturgeschichte – wich die einseitige Beeinflussung einem zweiseitigen Austausch, auch wenn diese Bewegung nach Osten hin intensiver war als in umgekehrter Richtung. Aus Westeuropa und teilweise auch Amerika kam vieles von dem, was als interessant und modisch galt. Unliebsame politische Inhalte stellten die einzige Barriere für den Kulturimport dar. Die Historiker schöpften aus den Erfahrungen der französischen Schule der »Annales« und die Soziologen suchten, genauso wie ihre westeuropäischen Kollegen, Anregungen eher auf der anderen Seite des Atlantiks.

Das europäische Interesse an der polnischen Kultur und Wissenschaft, das recht massiv im Jahr 1956 einsetzte und mindestens ein Jahrzehnt anhielt, um sich danach schrittweise abzuschwächen, hatte vielfältige Ursachen. Manchmal hat man die Polen wie Exoten betrachtet oder wie eine Briefmarksammlung aus einem fernen Land. »Schaut nur«, so schienen einige westliche Fachleute zu sagen, »da drüben bei den Kommunisten können sie sogar lesen und schreiben, Fremdsprachen kennen sie, formulieren geschickt ihre Gedanken und benehmen sich wie ordentlich gebildete Leute, wie Europäer.« Andere hingegen interessierten sich ernsthafter für den Erfahrungshorizont, der sich in der polnischen Kultur und Wissenschaft manifestierte – Erfahrungen mit der deutschen Besatzung, dem Wiederaufbau nach dem Krieg und dem stalinistischen Kommunismus.

Gerade in dieser Dekade begann die polnische schöne Literatur, Prosa und Poesie, in reichlicher Auswahl in die Länder Westeuropas vorzudringen. Schlechter sah es mit der Übersetzung wissenschaftlicher Publikationen aus, aber auch hier gab es Ausnahmen. Im östlichen Teil des Kontinents ließ es hingegen manchmal die Zensur oder die Verlagspolitik nicht zu, daß einige der wichtigsten Werke polnischer Literatur übersetzt wurden, noch häufiger galt dies für die Arbeiten der polnischen Humanwissenschaften. Recht viele Intellektuelle in der Sowjetunion, in Ungarn und der Tschechoslowakei lernten Polnisch, um Bücher, die ihnen von Freunden geschickt wurden oder die sie während eines Aufenthaltes in Polen gekauft hatten, im Original lesen zu können.

Eine wichtige, wenn auch – wie sich später erweisen sollte – nicht entscheidende Zäsur der polnischen Kulturgeschichte stellte die zweite Hälfte der sechziger Jahre dar. Dies hatte mit dem Versuch der Regierenden zu tun, nationalistische Ressentiments zu schüren, die meist einen antisemitischen Charakter trugen und gegen Intellektuelle gerichtet waren. Seit den siebziger Jahren öffnete sich für die polnische Kultur das Tor nach Westeuropa wieder weiter. Relativ ungehindert konnten Wissenschaftler und Künstler nun ins Ausland fahren und neue Erfahrungen sammeln. Auch stieg die Zahl wissenschaftlicher und literarischer Titel, die aus westeuropäischen Sprachen ins Polnische übersetzt wurden.

Eines der schmerzlichen Ergebnisse von 1968 war ein regelrechter Exodus polnischer Kultur und Wissenschaft. Nicht nur jüdische Intellektuelle wanderten damals aus, obwohl sie die Mehrheit der Emigranten stellten. Auch der Philosoph Leszek Kołakowski und der Schriftsteller Sławomir Mrożek gingen ins Exil. In gewisser Weise hatten die Ausreisen auch einen positiven Nebeneffekt, ähnlich wie die Emigration vieler ungarischer und tschechischer Intellektueller nach 1956 beziehungsweise 1968. Im Westen tauchte mit einem Mal eine nicht unerhebliche Zahl von Leuten auf, Künstler und Wissenschaftler, die nicht nur ihr eigenes Schaffen fortsetzten, sondern häufig Kontakte zu ihren Kollegen vermittelten, die im Land geblieben waren. Einige Publizisten fanden in den Redaktionen einflußreicher Zeitschriften einen neuen Platz, Wissenschaftler in Hochschulen oder wissenschaftlichen Instituten.

Der Siegeszug des Fernsehens in der Alltagskultur begann in den sechziger Jahren zunächst zögerlich. In den siebziger Jahren avancierte es dann zu einem allgemein verbreiteten Massenmedium. Dies gab den Machthabern, die das Fernsehen kontrollierten, ein potentes Instrument an die Hand, um die Gefühle, Ansichten und Geschmäcker der Menschen zu beeinflussen. Anfänglich nutzten sie das TV vor allem für politische Ziele. Fernsehserien sollten eine spezielle Art von »sozialistischem Patriotismus« verbreiten. Gerne suchte man historische Bezüge, besonders zu dem noch nicht allzu fernen Zweiten Weltkrieg. Die Kommunisten und die Sowjetunion kamen dabei meist sehr gut weg, deutsche Besatzer und ukrainische Nationalisten schlecht.

Ohne diese Bemühungen gänzlich aufzugeben, fing man nach 1970 an, den Schwerpunkt stärker auf unpolitische Unterhaltungssendungen zu legen, häufig aus Westen importiert oder aktuellen westlichen Formaten nachempfunden. Die polnische Massenkultur wurde europäischer, aber dies beruhte hauptsächlich auf einer Übernahme angelsächsischer Vorbilder, teils britisch, teils amerikanisch, die auch in Westeuropa populär waren. Das Fernsehen strahlte außerdem immer häufiger Serien aus Lateinamerika aus.

Neue Freiheiten eröffneten sich der polnischen Kulturlandschaft seit dem Ende der siebziger Jahre. Damals begann sich der bemerkenswerte sogenannte »zweite Umlauf« herauszubilden, das heißt ein illegales Publikationswesens. Zu Beginn der achtziger Jahre entfiel vorübergehend die Zensur fast vollständig. Später konnten inoffizielle Kulturveranstaltungen unter dem Patronat der Kirche organisiert werden. Schließlich strömte massiv eine Literatur ins Land, die zwar im Exil veröffentlicht, aber oftmals in Polen geschrieben worden war. Diese Situation zog jedoch gewisse Konsequenzen nach sich. Die offiziellen Verleger publizierten nur solche Werke, die entweder regierungskonform oder apolitisch waren. Manchem Buch gelang es, durch das Gitter hindurchzuschlüpfen, indem es verschlüsselt verfasst wurde und suggerierte, zu kritischen Problemen die erwünschte Distanz zu wahren. Ein Beispiel hierfür war die Reportageliteratur, wie sie von Ryszard Kapuściński geschaffen wurde, der sich auf Materialien aus Äthiopien oder dem Iran stützte und damit im Ausland große Anerkennung fand.[11] Für den Bereich der unabhängigen Kultur war hingegen eine Politisierung kennzeichnend, die bereits weit fortgeschritten und deutlich erkennbar war.

Allerdings hat es nicht den Anschein, als sei die polnische Literatur in den letzten Jahrzehnte des Kommunismus stärker mit der Politik ver-

---

11 Alle Werke Ryszard Kapuściński sind auf Deutsch erschienen und er hat in Deutschland fünf bedeutende Preise erhalten.

bunden gewesen als in westeuropäischen Ländern. Auch dort wurde der Politik, besonders nach den Studentenunruhen von 1968, viel Platz in der Literatur, in Theater, Film und der sozialwissenschaftlichen Forschung eingeräumt. Vielleicht war diese Entwicklung auch in ganz Europa zu beobachten – möglicherweise sogar auf der ganzen Welt, nachdem in der Nachkriegszeit eine Faszination für die Probleme der *condition humaine,* des Individualismus, der Beständigkeit und Relativität moralischer Normen für die Gesellschaften herrschte.

Kommen wir zu den letzten Jahren. Es ist noch zu früh, um sie zusammenzufassen, obgleich man einige Tendenzen durchaus erkennen kann. Dazu zählt sicherlich die Globalisierung, die immer zahlreichere, früher unterschiedliche kulturelle Sphären einbezieht – in einer Zeit, da Randphänomene und kulturelle Synthesen mehr Neugierde als Geringschätzung erwecken. Die Globalisierung geht weit über Europa hinaus, doch um so mehr trägt sie zur Homogenisierung der europäischen Kultur bei – auch der polnischen. Sie erfaßt gleichermaßen die Hoch- und Alltagskultur, sofern man überhaupt noch zwischen beiden unterscheiden kann, und bedient sich in Polen, Europa und der ganzen übrigen Welt zweier Instrumente: der englischen Sprache und elektronischer Medien. Doch darin ist mehr eine Amerikanisierung als eine Europäisierung zu sehen.

Eine zweite Tendenz der europäischen Entwicklung ist die fortschreitende Trivialisierung der Kultur. Sie macht auch vor Polen nicht halt. Hochkultur mischt sich mit Massenkultur, ernsthafte Bücher werden immer seltener gelesen, die intellektuelle Reflexion macht einer schier unstillbaren Gier nach Unterhaltung und Sensationen Platz. In den Geisteswissenschaften wiederum gewinnt der Relativismus an Stärke. Zahlreichen Detailstudien fehlt die Fähigkeit, klare Konzepte zu entwickeln, um komplizierte Prozesse zu erklären, statt nur mögliche Interpretationsvarianten vorzustellen.

Ist diese Feststellung eine Ausdruck von Resignation und »Jammern«, wie er typisch sein mag für eine ältere Generation, die dabei ist abzutreten? Vielleicht unterliegen wir ja einer Täuschung, vielleicht schauen wir durch eine allzu schwarze Brille und erkennen nicht das Potential und die neuen Wege, die sich verborgen hinter den verfallenen Fassaden einer älteren, stärker traditionsverhafteten Kultur künftig öffnen werden.

Europa ist nicht bloß ein geographischer Begriff, zu ihm gehören verschiedene Regionen und Länder mit vielen verschiedenen Nationen. Es gibt gemeinsame europäische Güter (und Übel) in großer Zahl, aber auch jede Menge Unterschiede. Die Lage Polens ist in dieser Hinsicht nichts besonderes. Polen und seine Bürger sind ein Teil Europas, ein Teil der Region Ostmitteleuropa, obwohl sie sich durch bestimmte historische Erfahrungen und zeitgenössische Besonderheiten von anderen Ländern beziehungsweise Nationen unterscheiden, selbst von ihren direkten Nachbarn – genauso wie Frankreich und die Franzosen, Italien und die Italiener, Spanien und die Spanier und all die anderen ein Teil Europas sind und sich zugleich voneinander unterscheiden.

Vielleicht beruhen die Stärke und die Attraktivität Europas darauf, daß so vieles in ihm gemeinsam und so vieles anders ist. Solange damit Toleranz und der Wille zur Verständigung einhergehen, lohnt es sich, diese Vielfalt zu bejahen. Wird Europa ein Melting Pot werden? Überlassen wir dies den künftigen Generationen.

Politische Milieus in Deutschland

Die Studie der Friedrich-Ebert-Stiftung

Die Friedrich-Ebert-Stiftung gab mehrere Studien in Auftrag, die zwei Fragen klären sollten: Auf welche Akzeptanz stoßen Reformen in Deutschland? Und welche Probleme sind bei ihrer Vermittlung aufgetreten?

Die dramatischen Befunde lauten: Über die Zukunft herrscht massive Verunsicherung in der Bevölkerung. Die Haltungen der Menschen zur Reformpolitik sind ambivalent und teilweise widersprüchlich. Das Vertrauen in das Potenzial von Politik und Parteien, Probleme zu lösen, ist gering. Zwischen Politik und Gesellschaft bestehen erhebliche Verständigungsprobleme.

Das Buch interpretiert die Resultate und zeigt auf, dass eine an den Werten und Bedürfnissen der Bürger orientierte Reformpolitik und Kommunikation dringend erforderlich ist.

www.dietz-verlag.de

Gero Neugebauer
**Politische Milieus
in Deutschland**
Die Studie der
Friedrich-Ebert-Stiftung

145 Seiten, Broschur
9,90 Euro
ISBN 978-3-8012-0377-1

Verlag J.H.W. Dietz Nachf. – Dreizehnmorgenweg 24 – 53175 Bonn
Tel. 0228/238083 – Fax 0228/234104 – E-Mail: info@dietz-verlag.de